蒲公英 **科学新知** 系列

看，那些伟大的瞬间

Kan, naxie
weida de
shunjian

米家文化 编绘

浙江教育出版社·杭州

写在前面的话

在孩子们的眼中，世界的一切都是新奇的：每一片树叶的背后、每一块石头的下面、每一朵白云的上面，似乎都隐藏着许多神奇的秘密——

"世界上到底有多少种动物？"

"宇宙到底有没有尽头？"

"人类可以建造像珠穆朗玛峰一样高的楼房吗？"

"如何发明一辆会飞的汽车？这样真的就不会堵车了吗？"

"机器人真的会统治人类吗？"

……

亲爱的爸爸妈妈，当你们被孩子问得团团转的时候，千万别不耐烦。要知道孩子们打破砂锅问到底的精神，是多么的可贵：当一个人不再对这个世界拥有好奇心的时候，

并不意味着他长大了,而只能说明他的心在缓缓地变老,他的精神在慢慢地枯萎。这该是一件多么可怕的事情啊!

当你打开这套书的时候,别怪我没有提醒你——那美得像画一样的自然杰作,那蕴含着无数宝藏的神秘海洋,那看似高深莫测的奇特动物,那常人不可企及的极端纪录,那灵感突现的奇妙发明,那永记人心间的伟大瞬间……这个世界每天都在上演奇迹与创造新的历史,这一切无不让你目瞪口呆、啧啧称奇。

日新月异的科学技术将带领孩子们更好地认识世界,增强他们探索未知领域的信心与勇气。来吧,所有好奇心十足的孩子们,让我们从这里起程,踏上奇妙无比的求知之旅!

目录 CONTENTS

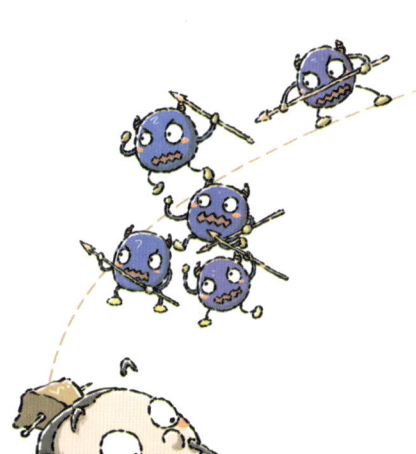

1. 第一块石头：石器时代的到来 /2
2. 钻木取火：木棍钻出来的文明 /6
3. 使用铁器：来自太空的灵感 /10
4. 《汉穆拉比法典》：迄今发现的人类历史上第一部完备的成文法典 /14
5. 发现美洲大陆：一个美丽的错误 /18
6. 日心说：坚持科学真理 /22
7. 血液循环："心跳"的伟大发现 /26
8. 万有引力：苹果"砸出"的智慧 /30
9. 微生物：一滴湖水里的秘密 /34 
10. 改良蒸汽机：水蒸气推动了世界 /38
11. 废除奴隶贸易：结束恐怖的罪行 /42
12. 听诊器：医生的魔法笛子 /46
13. 电磁效应：开启电气时代 /50
14. 国际红十字会成立：人道主义的力量 /54
15. 遗传学：豌豆里的秘密 /58
16. 巴氏消毒法：挽救了葡萄酒厂 /62
17. 化学元素周期表：纸牌玩出的科学奥秘 /66
18. 内燃机：让汽车的"心脏"跳得更有力 /70
19. 现代奥林匹克运动：体育无国界 /74

② X射线：看清楚身上的每一块骨头 /78
② 发现人类血型：挽救了无数的生命 /82
② 诺贝尔奖：国际最高荣誉 /86
② 大陆漂移说：大陆原来是一整块的 /90
② 胰岛素：一个改变历史的暑假 /94
② 核能：能量巨大的新能源 /98
② 人造卫星：开启了人类的太空时代 /102
② 联合国成立：让世界成为一个大集体 /106
② 计算机：开启全新时代 /110
② 机械心脏：当一回钢铁侠 /114

③ "阿波罗号"登月：个人一小步，人类一大步 /118
③ 灭绝天花病毒：一次伟大的胜利 /122
③ 航天飞机升空：遨游太空不再是梦想 /126
③ 横穿南极大陆：去企鹅之乡探险 /130
③ 哈勃望远镜：人类的太空之眼 /134
③ 克隆技术：复制一个自己 /138
③ 阿尔戈计划：进一步了解海洋 /142
③ "地球一小时"活动：请爱护我们的地球 /146
③ 中国月球车：奔向月亮的"玉兔" /150

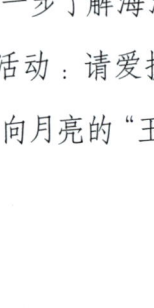

一起勇攀科学高峰！

快让你的大脑 →
动起来吧！

今天你看了吗？

1 第一块石头：
石器时代的到来

　　石头是大自然中最常见的东西，但也许你不知道，对一块普通石头简单加工的过程，竟然意味着人类历史进入了一个重要的时代。

　　如今我们使用手机、电脑，出门乘坐汽车，是不是觉得生活很方便呢？可是早期人类并不是这样的。我们最早的祖先可没有这么优越的生活条件。他们居无定所，食不果腹，过着在我们看来是非常艰苦的生活。

　　不过人类之所以伟大，就在于我们具有创造力。石头就是我们最先体现创造力的对象。

　　在几百万年前的某一天，一个原始人拿起了一块石头，通过观察，他发现这块石头上有一个小小的凸起，于是，他顺着这个凸起在另一块石头上不停地磨呀磨。很快，他发现这个凸起被磨得越来越锋利。他并不知道这能做什么，更无法想象他的行为其实已经开创了人类历史的新时代——石器时代。

刚磨好不久,晚饭时间到了,有人狩猎回来了,大家争先恐后地撕咬着猎物,与我们现在在《动物世界》里看到的老虎、狮子啃食猎物方式相似。就在这时,刚才那个伟大的原始人走了过来,他试着用刚磨好的锋利石头割肉,竟然一下子割下来一大块!

这一招果然很好用!尝到甜头的人们开始寻找更多的石头,并将这些石头磨制成各式各样的工具,然后再用这些工具制造其他的石制工具。

有了石制工具,人类的饮食条件大大改善了。他们开始把肉切开,并用火烤肉。人们吃了烤熟的肉就不太会闹肚子啦。不过当时的烤肉可不如我们现在的烤肉好吃,因为调味品还没出现呢!

就这样,人类靠着简单的石制工具度过了漫长的几百万年,直到人们转而使用青铜工具。

秘密记录

寿命很短的原始人

原始人并不像人们想象中的那样强壮。面对残酷的生存环境，他们的平均寿命很短。人类学家对某一原始人族群的38个个体的年龄进行了研究，发现14岁以下死亡的有15人，15～30岁死亡的有3人，40～50岁死亡的有3人，50～60岁死亡的有1人，其余16人的死亡年龄无法确定。也就是说，大部分人在30岁左右就已经死亡。而他们的死亡在很大程度上是由不洁净的食物和恶劣的生存条件造成的，但也有很多人死于捕猎或族群之间的斗争。所以，原始人每天都在挣扎中生存，寿命自然就短了。

人人都是地质学家

原始人制造石器的活动是饱含了智慧的，他们已经意识到"因材施用"，不同的工具，选不同的材质。比如制作斧子、铲子、凿子之类的工具，他们会选择硬度较高的岩石，这些工具相对来说也更珍贵；而制作刀和镰之类的工具，就会选择硬度较低的石头。所以，原始人在几百万年前就能分清基本的岩石种类了，真的很厉害呢！

不甘寂寞的原始人

原始人一般都是群居生活，因为当时人类的生存能力有限，生存环境又恶劣，单凭个人的能力是很难活下来的。他们一般几十个人一起过着群居的生活。每天一大早，他们就开始了一天的劳作。青年男性拿着工具四处寻找猎物，女性则在附近采摘野果。如果这一天捕猎没有收获，就得全靠妇女的劳动成果填饱肚子了。

原始人一般会选择有河流的地方居住，一方面便于喝水，另一方面河流会带来大量的石头供他们制造工具。此外，原始人还渐渐学会了在住的地方保留火种，即便遇到雨天，也能保持火种不灭。火对于原始人意义重大，不但可以加热食物，更能够防止野兽入侵。

2 钻木取火：木棍钻出来的文明

今天你看了吗？

不少人爱吃烧烤。尤其是在寒冷的冬天，围坐在热气腾腾的烤炉边，一起分享美味，真是幸福啊！烧烤离不开火，你可能会觉得火是再普通不过的东西了，很容易就能得到。

其实我们的祖先取火并不容易。原始人在很长一段时期内，过的是茹毛饮血的生活，因为他们不但不会利用自然界中的火，而且还很怕火呢。

但是有一次，当他们偶尔吃到被火烧死的野兽时，发现了从未有过的香味，于是逐渐尝试着利用自然的火烧烤食物并想方设法保存火种。我们从周口店的北京人遗址中证实，那时候的原始人已经会利用火了。

又过了相当长的一段时间，原始人在钻木与打石

的劳动中发现了火星,于是懂得了取火的方法。有了这一了不起的发现,人们随时可以吃到烧熟的食物,除了禽类和兽类,还有鱼、鳖、蚌、蛤之类的水产品。从此,人类的食物品种变得丰富起来了,饮食水平也进一步得到了提高。

　　钻木取火是最早的取火方法之一。在原始社会的某一天,一个原始人折了一根山麻木,把它弄成山麻木板,在上面刻上一道浅浅的凹穴,又折了一根山麻木当棍子。他坐在地上,双脚踩住扁平的山麻木板,把棍子一端按在凹穴上,双手握住棍子来回搓动。这样,棍子末端与木板结合处发生了剧烈的摩擦,产生了许多木屑,并因摩擦不断生热。等碎木屑热到一定程度,就会产生火星点燃木板旁易燃的干草或木屑,接着就能燃起火焰了。

　　原始人用完火之后,并不是把火扑灭,而是把火种保存起来。这是因为,今天看来如此简单的钻木取火技术,在当时可算"高科技"呢,并不是每个人都能掌握的,所以保存火种对于当时的人类来说尤为重要。

祖先燧人氏

相传我国钻木取火的祖先是燧人氏,他曾教授人们取火的本领。

燧人氏不仅发明了"钻木取火",还发明了"结绳记事"。

那时候,人类还没有文字,生活中有许多事全凭大脑记忆,但时间久了,有些事情常常会被遗忘。燧人氏用柔软而有韧性的树皮、草叶搓成细绳,然后将数十条细绳排列整齐悬挂在一处,在上边打结记事。大事打大结,小事打小结,先发生的事打在上边,后发生的事打在下边。

为了能够记录更多的事情,燧人氏又利用植物的天然色彩,把细绳染成各种颜色,每种颜色分别代表一类事物,使所记之事更加清楚。

万能的火

火对于人类的进化有着至关重要的作用。火能将食物烤熟。熟食有利于人体对所需营养的吸收,极大地促进了大脑的进化,使得人类的智力得到了飞跃式的发展;熟食还扩大了可食用动植物的品种和范围，极大地丰富了人类的食物资源，增强了人类的生存能力；熟食更卫生、更容易被消化吸收，有利于减少疾病，增强体质，延长了人类的寿命；熟食也有利于增强人类的繁殖能力。

除了能将食物烤熟外，火还给人类带来温暖，促进了原始人类的脱毛过程。

"先进"的取火方式

钻木取火是非常费劲的取火方式。在春秋战国时期，随着铁器的出现，古人开始使用火镰火石来取火。

火镰火石取火的原理与钻木取火的原理类似，用铁制的火镰敲击坚硬的燧石，生成火星，火星落在易燃的纤维上，就燃烧成火焰。

3 今天你看了吗？
使用铁器：来自太空的灵感

今天，我们用水果刀削苹果是一件简单且普通的事。但你知道吗？当原始人拿起像水果刀一样的铁制工具时，他们已经跨入历史上一个崭新的时代了。

一把水果刀真的有如此巨大的力量吗？如果你还对此心存疑惑，就随我一起去看看吧。

人类社会从原始社会发展到文明社会，劳动工具也随之发生了巨大改变。之前用石头做成的劳动工具已经远远不能满足人们的生产需求，人们觉得用石制工具砍一棵树太慢了，后来就用青铜制成的工具砍树，但是砍了几下子，刀就弯了，因为青铜太软了。

公元前4000年的一天，很多石头从天而降。人们纷纷躲开，当时他们并不知道这是从太空中掉下的陨石，认为这是神石，对其奉若至宝。

有一天，一个人无意中将一块陨石放到炉火中，含有大量铁元素的陨石在炉火的高温下渐渐熔化，竟然由坚硬的固体变成了红色的液体。

这个人看着这些滚烫的液体，突然灵光乍现，他将这些液体倒入一个刀状的模具中，待其冷却凝固后将其取出，然后不停地磨啊磨，最后居然制成了一把锋利的刀。

相对于石制工具和青铜工具，这样的铁制工具可真是厉害极了。这件事成了当时最重大的新闻，人们议论纷纷。而这把由神石制成的刀，也成了人们口中的神器。

后来，又有人捡到一些这样的石头，便按照同样的方法把它们做成各种各样的工具，这其实就是我们今天所说的铁制工具。从一块神石到铁制工具，人类逐渐进入了铁器时代。用铁制成的劳动工具坚硬、锋利，极大地提高了劳动效率，因此很受当时人们的欢迎。

后来，人们渐渐发现地球上存在铁矿，并尝试着用矿石冶炼铁，这就为铁器的大规模应用奠定了基础。

中国的铁器

世界上最早进行人工炼铁的，是约公元前1400年居住在小亚细亚的赫梯人。公元前1300年～公元前1100年，冶铁术传入两河流域和古埃及，欧洲的部分地区于公元前1000年左右也进入了铁器时代。

中国早在商代便已使用铁器（铁刃铜钺），公元前800年的虢国玉柄铁剑，则是我国目前出土的最早的冶炼铁器。虽然中国不是世界上最早使用铁器的国家，但中国古代的冶铁技术十分先进，在当时处于世界领先地位。

中国古代的先民们发明了多种冶铁技术，能够打造高纯度的铁器，还能够针对不同的需求，采取不同的冶炼方式。西汉时期，铁器的数量显著增加，质量也有所提高。到了东汉时期，铁器最终取代了青铜器，成为人们最主要的生产工具。

铁器成语

到了中国的西汉时期，人们在"块炼渗碳"的基础上研发出了"百炼钢"技术。

这种技术的特点是增加了反复加热锻打的次数，这样既可将钢铁加工成型，又能减少夹杂物，使成品细化和均匀化，大大提高了钢的质量。"百炼成钢""千锤百炼"等成语就是由此而来的。

与此同时，炼铁的炉子增大了，用石灰石做熔剂，风口从一个发展到了多个，鼓风设备也从以前的人力鼓风、畜力鼓风进步到了水力鼓风的"水排"，这不失为一种创造。

神秘的铁山

在中国的古书《管子》中，可以找到有关铁山的记载。《管子·地数篇》中说："凡天下名山五千三百九十一……出铁之山三千六百有九。"

这样算来，出铁之山的数目竟然占到山体总数的66.9%。虽然直到今天，我们还没有弄清楚古人是怎么得出这一数据的，但由此说明，当时人们已经知道了铁矿石的存在。

今天你看了吗？

4 《汉穆拉比法典》：
迄今发现的人类历史上第一部完备的成文法典

你有没有想过，如果学校没有了规章，会变成怎样？是不是就会乱作一团？有的迟到，有的早退，还有的上课开小差、下课打闹，这样不就乱套了吗？

从学校推及社会，法律法规的作用就在于规范人们的行为方式。有了法律，人类社会就逐渐走向了成熟。但你知道迄今发现的人类历史上第一部完备的成文法典是怎样的吗？

1901年12月的一天，一支由法国人和伊朗人组成的考古队，在伊朗西南部一个名叫苏萨的古城旧址上进行发掘工作。他们发现了一块黑色玄武石，几天以后又发现了另外两块，将三块玄武石拼合起来，恰好是一个椭圆柱形的石柱。石柱有两米多高，它的上方刻着两个人的浮雕像：一个坐着，右手握着一根短棍；另一个站着，双手打拱，好像在朝拜。石柱的下部，刻着文字。经考证，这正是用楔形文字记录的法律条文《汉穆拉比法典》。石柱高2.25米，上部周长1.65米，底部周长1.90米。后来经过考古学家们的考证，证实这就是迄今发现的人类历史上第一部完备的成文法典！它并非像我们想象的那样写在纸上，而是刻在石头上！

石柱雕刻得比较精细，表面抛光，碑上刻满了楔形文字。法典正文共282条，对刑事、民事、贸易、婚姻、继承、审判等制度都做了详细的规定。

《汉穆拉比法典》是人们研究古巴比伦经济制度与法律制度的极其重要的文献。同时，它也是古巴比伦艺术的代表，因为古巴比伦王国流传下来的艺术品十分罕见，所以这石柱就显得格外珍贵。

四大古国

古巴伦王国（约公元前3500年～公元前729年）是"四大文明古国"之一，我们常说的"四大文明古国"分别是中国、古巴比伦、古埃及、古印度。

距今5000年左右的古巴比伦王国位于美索不达米亚平原，大致在如今的伊拉克共和国版图内。公元前18世纪，古巴比伦王国崛起。

聪明的国王

据说，古巴比伦国王汉穆拉比每天要处理的案件太多，难以应付。他就让大臣把过去的一些法律条文收集起来，再加上约定俗成的社会习惯，编成了一部法典，并把它刻在石柱上，竖立在古巴比伦的神殿里。

不过，这部人类最早的法典里有很多不平等的条文，目的是为了维护奴隶主的利益。

神秘花园

公元前6世纪，巴比伦国王尼布甲尼撒二世娶了米底的公主安美依迪丝为王后。美丽的王后却因为离开故土而得了思乡病，整日闷闷不乐。

为了取悦思乡情切的王后，国王尼布甲尼撒二世命令工匠按照米底山区的景色，建造了一座层层叠叠的阶梯形花园，上面种满了奇花异草，并在园中开辟了幽静的山间小道，小道旁是潺潺流水，花园上是飞泻而下的瀑布。

整座花园远看就好像是挂着彩虹、淌着小溪、悬着瀑布的仙境。这就是被列为世界第七大奇迹之一的"空中花园"。

而如此奇美的空中花园，只是巴比伦城中的一道景观而已。据史书记载，巴比伦城经过数次扩建，最大规模时，全城有300多座塔楼、100扇青铜大门，有石板铺筑的宽阔大街，还有90多米高的神庙。幼发拉底河穿过城区，河上有石墩架设桥梁，两边有道路和码头，整座城景色优美。

5 今天你看了吗？
发现美洲大陆：一个美丽的错误

每个人生活中都有犯错的时候，我们会因此自责难过，并暗下决心为不犯同样的错误而努力。

不过历史上有个人犯了一个错误，竟然成就了一个伟大的发现。这个人就是意大利航海家哥伦布，他因为一个错误发现了美洲新大陆，从而开创了新的历史。

哥伦布在发现美洲新大陆时，错误地认为自己发现的是印度，因为他出发的时候，目的地就是印度。当他登上新大陆的时候，便很自然地称当地的人为印第安人。在英语里，"印度人"和"印第安人"的拼写和发音是完全相同的（Indian）。

但是隐藏在这个错误背后的却是哥伦布坚信地球是圆的。而在此之前，几乎所有人都认为地球是方的。

哥伦布认为从西班牙出发，绕地球一圈还能回到西班牙。于是在西班牙女王的资助下，1492年8月3日，哥伦布率领由三艘帆船组成的船队，从西班牙的巴罗斯港扬帆起航。船队经过两个多月的艰苦航行，1492年10月11日，哥伦布看见海上漂来一根芦苇，高兴得跳了起来——有芦苇,这说明附近有陆地!

果然,当晚10点多,哥伦布发现前面有隐隐的火光。12日拂晓,水手们终于看到了一片陆地,大家发出了欢呼声!他们在海上整整航行了两个月零九天,终于到达了美洲巴哈马群岛的华特林岛。哥伦布把这个岛命名为"圣萨尔瓦多",意思是"救世主"。后来,哥伦布的船队继续向南,到达了古巴和海地。

1493年3月15日,哥伦布离开西印度群岛返回西班牙。后来,他又三次西航到美洲,陆续发现了牙买加、波多黎各、多米尼加等岛,并到达中美洲的洪都拉斯和巴拿马等地。

秘密记录

给中国皇帝的信

因为哥伦布出发的时候打算去东方,所以在帆船起航的时候,提供资金援助的西班牙女王还让他带上了给印度和中国皇帝的信。

但是哥伦布却犯了一个美丽的错误,转而发现了美洲大陆。不知哥伦布踏上他自认为的"印度"之后有没有将信交给"印度国王",更不知那封给中国皇帝的书信上到底写了些什么。

一生的"错误"

直到1506年逝世,哥伦布一直认为他到达的是印度。

后来,一个名叫阿美利哥的意大利航海家,经过多方考察和研究,得出了一个结论:哥伦布到达的这些地方不是印度,而是一个原来不被大多数欧洲人知道的新大陆。

最后,这块新大陆以证实者阿美利哥的名字命名,被称为"亚美利加洲",也就是我们经常说的"美洲"。

属于欧洲人的"发现"

事实上,早在冰河时期,海平面下降,白令海峡露出海面,成为白令海陆桥时,人类就已经从当时的亚洲大陆到达了美洲。哥伦布所谓的发现,客观地看只是欧洲人的"发现"。

虽然在哥伦布之前,应该也有人到达过美洲,但他们的发现既没有被传播开来,也没有引起欧洲和美洲的任何变化。

相反,哥伦布发现新大陆的消息倒是一下子传遍了整个欧洲大陆。接踵而来的,便是欧洲人对新大陆的探险和殖民活动。

6 今天你看了吗?
日心说：坚持科学真理

地球绕着太阳转，这在今天看来，是个简单的天文常识。但在很久以前，人们都认为地球是宇宙的中心，所有东西都是围绕着地球在转。直到哥白尼的出现，大家才逐渐改变了以地球为中心的看法。

哥白尼上中学时就对天文学很感兴趣，曾跟着老师在教堂的塔顶上观察星空。没想到，在我们看来除了星星、月亮以外别无他物的夜空，哥白尼竟然连续看了30年。他一边看一边记录各种天文数据，积累了大量的资料。

哥白尼经过周密的思考,在40岁时写下了《天体运行论》,提出了"日心说"。他认为:地球是球形的。正因如此,如果在船桅顶端放一个光源,当船驶离海岸时,岸上的人们会看见亮光逐渐降低,直至消失。地球不但是圆的,而且还在运动,并且约24小时自转一周。他还提出:"太阳才是宇宙的中心,地球及其他行星都围绕着太阳运行,只有月亮环绕地球运行。"但是由于害怕受到攻击与迫害,他迟迟不愿公开自己的发现。后来经过朋友的劝说,他才将《天体运行论》的手稿送去出版。而这一著作的出版过程,也十分艰辛。直到1543年,哥白尼年近古稀,弥留之际才收到刚刚印好的《天体运行论》。

随着自然科学的发展和后世科学家的努力,现在我们都已经知道,太阳并不是宇宙的中心,而是太阳系的中心。这些科学发现的背后,凝聚着几代科学家的心血与汗水。

业余天文学家

1473年2月19日,哥白尼出生于波兰。你知道吗?哥白尼最开始的职业并不是天文学家,在他成年后的大部分时间里,他都在费劳恩译格大教堂任职,并因为医术出色,还一度被称为"神医"。而他的成名巨著竟然都是在业余时间完成的,这简直是一个奇迹。

耗时两百年

要古代人相信我们脚下坚实的大地竟然是运动着的,这简直比登天还难。

事实上,直到1609年伽利略发明了天文望远镜,并借此发

现了一些可以支持"日心说"的新的天文现象后,"日心说"才开始引起人们的关注。直至开普勒以椭圆轨道取代圆形轨道修正了"日心说"之后,"日心说"才逐渐得到人们广泛的认可。

捍卫真理

"日心说"提出后,虽然当时的统治者认为它是错误的,且进行了残酷的镇压,但不少仁人志士依然在捍卫这一学说。他们前仆后继地与黑暗的统治势力进行了不屈不挠的斗争,付出了生命的代价。

7 今天你看了吗？
血液循环："心跳"的伟大发现

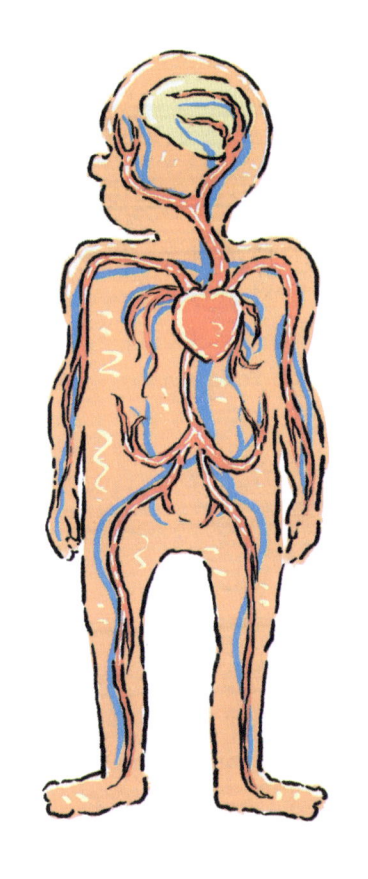

我们不小心受伤的时候会流血。血液在人体内是循环的，血液靠心脏动力在人体内流动。

在很早以前，人们认为人体内都是空气。直到17世纪20年代，英国医学家哈维才用科学实验推翻了这个理论。

哈维这一重大的发现并不是通过复杂的手段获得的，而是通过对人体的观察得到的。我们都听过自己的心跳吧，哈维就是靠人体的心跳判断出血液是循环的。

哈维发现，他的心脏每分钟跳动72次，估计心脏每次跳动的排血量大约是56克。所以通过简单的乘法运算就可以得出结论：每小时大约有240千克血液从心脏流入主动脉。但是240千克远远超过了人体中的血液重量，甚至远远超过了人的体重。

哈维由此认识到，等量的血液是往复不停地通过心脏的。提出这一假说后，他花费了九年时间，一边做实验，一边仔细观察，终于掌握了血液循环的详细规律。

1616年，哈维第一次提出了关于血液循环的理论。讲课的手稿用拉丁文写成，至今仍被收藏在英国国家博物馆内。

哈维清楚地标明了人体内的血液流动路线，并通过实验说明，心脏每20分钟排出的血液量就等于身体内血液的总量，因而血液在流动中不可能完全耗尽，而是在不断地循环流动。

哈维也通过实验说明了血液的流动方向，指出静脉血都是向心脏流动的，静脉瓣的作用在于防止血液倒流。

秘密记录

不怕炮弹的哈维

1640年，英国资产阶级革命爆发，哈维因其王室御医的特殊身份，随同国王流亡在外。他曾受命照顾两位王子，即后来的查理二世和詹姆斯二世。

据说在战斗打响后，他竟然不为所动，仍然从口袋里拿出一本书仔细阅读。一发炮弹在他附近爆炸，他只是稍稍挪动位置后又接着学习。

正是凭着这股忘我的钻研劲头，哈维终于在研究血液循环方面取得了巨大的成就。

死后正名

哈维的理论因为有悖于当时所谓的权威理论，所以，他的书出版之后，就遭到攻击，说他的著作是一派胡言，既荒谬又不可信。

所幸的是，凭借英国国王查理一世御医的身份，他没有像自己的前辈维萨里、塞尔维特那样付出生命的代价。

1657年，哈维逝世。四年后，意大利的马尔比基教授将伽利略发明的望远镜改制成显微镜,并将之用在医学研究上,这才观察到了毛细血管的存在,从而进一步证明了哈维的理论是正确的。

哈维的血液循环理论被证实了,这是科技为医学科学做出的极大贡献。

物质传送带

一个正常成年人的血液总量大约相当于体重的8%。在人体内不断循环流动的血液,可以把人体所需的营养物质输送到全身各处,并将人体内的废物收集起来,排出体外。

当血液流出心脏时,它会把养料和氧气输送到全身各处;当血液流回心脏时,它又将身体产生的二氧化碳和其他废物输送到排泄器官,排出体外。

一般健康人一次失血量如果不超过总血量的10%,对身体没有太大影响。当一次失血量超过总血量的20%时,则对健康有严重影响。失血量超过总血量的30%时就会危及生命。

8 今天你看了吗?
万有引力:苹果"砸出"的智慧

生活中我们经常见到的现象,看似普通,其实背后隐藏着深刻的道理。比如苹果熟了为什么会掉下来?也许我们吃过无数个苹果,但谁又思考过苹果掉下来背后的原因呢?

据说在1665年的秋天,英国物理学家牛顿独自坐在花园里的一棵苹果树下思考物理问题。这时,一个成熟的苹果从树上落下来,恰巧落在牛顿的脚边。这一十分普通的现象却引起了牛顿的注意,这位伟大的科学家竟然对着这个落下的苹果开始认真思考起来。

一个伟大的瞬间由此降临——这次苹果下落与以往无数次苹果下落不同,因为牛顿从苹果落地这一寻常的现象中找到了苹果下落的原因——引力的作用。这种来自地球的无形的力"拉"着苹果下落,正像地球"拉"着月球,使月球围绕地球运动一样。

在此之前,许许多多的科学家都在钻研行星为什么围绕着太阳转的问题,却一直没有答案。牛顿从一个小小苹果的坠落获得了解开这一宇宙问题的灵感。经过一系列的实验、观测和演算，牛顿发现太阳的引力与它巨大的质量密切相关，进而揭示了宇宙的普遍规律，提出了经典力学中著名的"万有引力定律"。

也许你们想不到，320多年前牛顿发现的这一定律，今天被我们应用在了火箭发射上。大家在电视上看到火箭发射升空瞬间的壮观场面，也一定想不到，这背后竟然隐藏着一个苹果"砸"出来的智慧。

牛顿是一个伟大的科学家，他不但发现了万有引力定律，还发现了物体运动的其他几大定律——惯性定律、力的瞬时作用规律、作用力和反作用力定律，还创立了微积分。牛顿将其一生的成就写进了《自然哲学的数学原理》一书中。他后来在谈到自己所取得的成就时说："如果我比其他人看得远些，那是因为我站在巨人的肩膀上。"

因牛顿而成名的苹果树

著名的"牛顿苹果树"原本生长在牛顿的故乡伍尔索普庄园,那里有一片苹果园,牛顿从卧室的窗户望出去,就能看到枝叶在轻轻摇动,还能闻到阵阵沁人的果香。

牛顿的母校剑桥大学,就从这棵苹果树上剪下枝条,将其移栽到了剑桥大学的校园内。据说,这棵苹果树已经生长了将近400年。

看不见的力量

"万有引力定律"揭示了存在于任何两个物体之间的由质量引起的相互吸引力。世界上的物体之间都存在着一种看不见的力,吸引着彼此。向上抛的所有物体最终都会落到地上,这就是万有引力作用的结果。

牛顿的万有引力定律不仅可以解释地球上的物理现象,还可以解释宇宙天体间的运动规律。

在地球之外，还有许多天体，比如太阳、月亮、火星、木星，它们之间也存在着万有引力。所以月亮绕着地球转，地球绕着太阳转。正是这种引力把它们固定在各自的位置上，才使得它们在同一片星空中运动，有规可循。

三个著名的苹果

其实人类的文明总是和苹果纠缠不清，而世界上有三个著名的苹果。

第一个苹果是西方传说中夏娃在伊甸园偷吃的禁果，人类自此开始繁衍。

第二个苹果激发了牛顿的灵感，从而开创了科学史上的新时代。

至于第三个苹果，则被美国苹果公司的创始人乔布斯"咬"了一口，该公司开发的苹果产品，成为信息时代影响全球的数字科技产品之一。

9 今天你看了吗？
微生物：
一滴湖水里的秘密

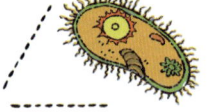

在我们生活的环境中，有很多肉眼看不到的微小细菌存在。就好像爸爸妈妈常常会告诉我们：饭前便后要洗手、不要喝生水等。其实这些都是为了防止细菌侵入我们的身体。

但是，今天这些妇孺皆知的常识，在几百年前，别说普通百姓，就连赫赫有名的科学家们也全然不知。

这些无孔不入的微生物，随时随地都在与我们打着交道，甚至在我们体内安营扎寨，自由地钻进钻出。可是，由于无法用肉眼看见它们，几千年来，人类竟不知道世界上还有微生物的存在。

那么，是谁第一个发现了这个"小人国"里的"捣蛋居民"呢？他，就是列文虎克！列文虎克是一个充满好奇心的荷兰人。他因为买不起放大镜而决心自己动手磨制。经过辛勤的劳动，他终于磨制成了小小的透镜。但由于透镜实在太小了，他只好又加了一个架子。后来，经过反复琢磨，他又在透镜的下边装上一块铜板，在铜板上钻一个小孔，使光线能从这里射进去，反照出所观察的东西来。这就是列文虎克制作的显微镜，它的放大能力

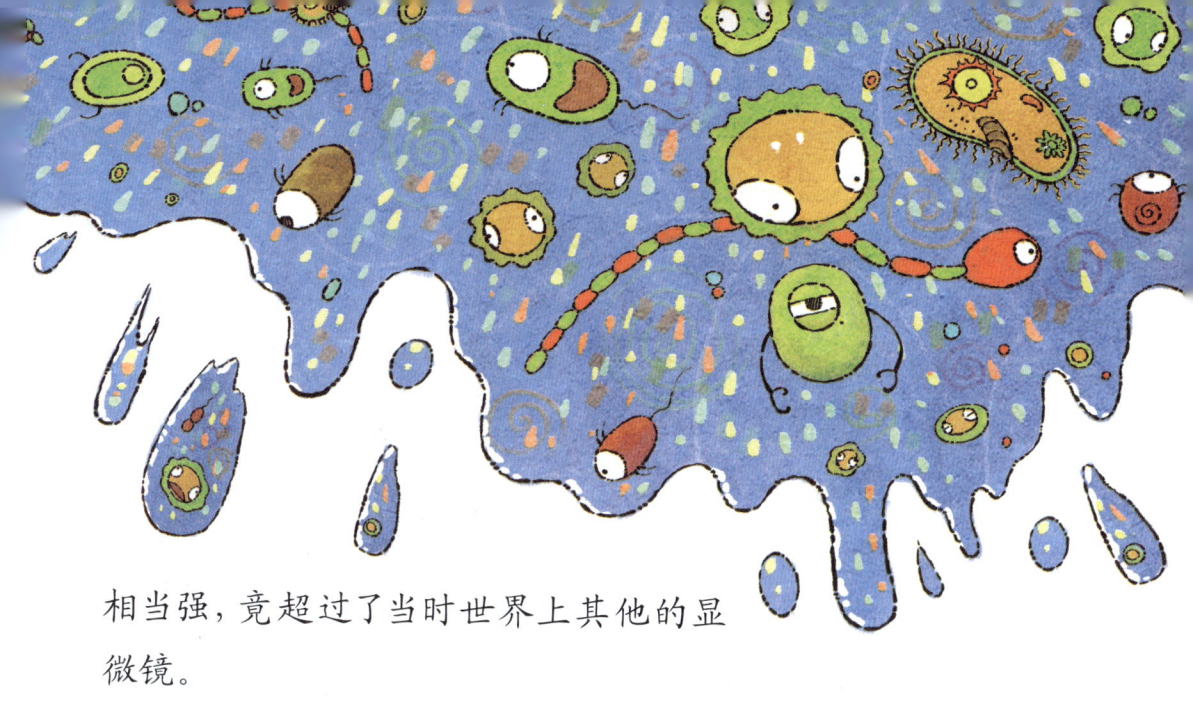

相当强，竟超过了当时世界上其他的显微镜。

他用自制显微镜观察一滴湖水，发现镜片下有很多微小的生物，有一些是圆形的，而其他大一点儿的是椭圆形的。

列文虎克惊喜地记录下他当时见到的情景：

我看见头部附近有两条小腿，在身体的后面有两个小鳍。另外的一些比椭圆形的还大一些，它们移动得很慢，数量也很少。这些微生物有各种颜色，有的白而透明；有的是绿色的，带有闪光的小鳞片；有的中间是绿色的，两边是白色的；还有的是灰色的。这些微生物大多能在水中自如地运动，向上、向下或原地打转儿，看上去真是太奇妙了。

列文虎克的这一发现，轰动了整个世界，并逐渐促进了一门新科学——微生物学的发展。

秘密记录

两个虎克同样重要

列文虎克是第一个看到细菌和原生动物的人，而英国人罗伯特·虎克则是第一个看到真菌的人。

1665年，微生物学家罗伯特·虎克发表了关于真菌的文章，称它们为"微小的蘑菇"。巧合的是，罗伯特·虎克也描述了如何制作显微镜，这跟列文虎克制作显微镜的方法很相近。由于两个虎克几乎同时发现了微生物的世界，他们在这项伟大的发现中都享有崇高的荣誉。

曾经的看门人

列文虎克出生在荷兰代尔夫特市的一个酿酒工人家庭。16岁就外出谋生，过着漂泊苦难的生活。后来他返回家乡，在代尔夫特市政厅当了一名看门人。

看门工作能接触到很多人。一个偶然的机会，列文虎克从一位朋友那里得知，荷兰最大的城市阿姆斯特丹有许多眼镜店，除了磨制镜片外，也磨制放大镜。

强烈的好奇心驱使列文虎克计划买个放大镜看看，可因为价格昂贵,他只好决定自己试着磨镜片。

由于勤奋且颇具天赋,列文虎克磨制的透镜在成像功能上远远超过了同时代的其他透镜。他一生磨制了400多块透镜,有一架简单的显微镜,其放大率竟达270倍,这也为他的微生物研究提供了良好的条件。

业余科学家

1673年的一天,英国皇家学会收到了一封厚厚的来信。打开一看,原来是一份用荷兰语书写的字迹工整的报告。报告来自列文虎克。一开始,英国皇家学会的人大多认为没有受过严格科学训练的列文虎克是一派胡言。

几经周折,在不断地对列文虎克的报告进行科学实验之后,列文虎克的发现终于幸运地得到了英国皇家学会的认可。这份研究报告一经发表,轰动了英国学术界。列文虎克很快成了英国皇家学会的会员,他的成就也获得了极高的评价。

10 今天你看了吗？
改良蒸汽机：水蒸气推动了世界

电影中常有这样的场景：冒着白烟的火车从远方驶来，机车长鸣的笛声伴随着巨大的轰鸣声呼啸而过。这种火车现在已经很少见了，但它曾是一个时代的标志。为这种火车提供动力的就是蒸汽机。

蒸汽机是用水蒸气的能量推动机械运动的大型机器。观察正在烧水的水壶，你就会发现水开的时候盖子会不停地跳动。把火关灭后，盖子也就不动了，这就是水蒸气的力量。

蒸汽机的出现引发了18世纪的工业革命。直到20世纪初，它仍然是世界上最重要的原动机，后来才逐渐被内燃机和汽轮机等取代。

蒸汽机很早以前就有，但是燃料的利用率一直很低，产出的动能效率也很低。英国发明家瓦特改进的蒸汽机改变了这一局面。

1764年的一天，英国一所大学的一架老式蒸汽机坏了，校方让当时在学校当修理工的瓦特去修理。他把机件拆开逐一细看后，发现这种蒸汽机有很多缺点，需要消耗很多热量，使用时几乎四分之三的能量都浪费掉了，因此效率很低。勤奋好学又肯钻研的瓦特决心改良这种蒸汽机。

功夫不负有心人。整整五年过去了，1769年的一天，瓦特在大量试验的基础上，经过无数次失败，终于制成了一台单动式蒸汽机，节省了超过75%的燃料，并且获得了第一台蒸汽机的专利权。但是这种蒸汽机并不能用在生产上，瓦特不甘心，决心继续研究。几年之后，瓦特又研制出了一种新式双向蒸汽机，可以广泛应用在各种机器上。到了19世纪30年代，蒸汽机被推向了全世界，从此人类社会进入了"蒸汽时代"。

从最初接触蒸汽技术到成功研制出瓦特蒸汽机，瓦特走过了二十多年的艰难历程。虽然多次受挫、屡遭失败，但他百折不挠，坚持不懈，终于完成了对老式蒸汽机的革新，使蒸汽机得到了更广泛的应用，成为当时推动世界进步的动力。

瓦特没有发明蒸汽机

瓦特并不是蒸汽机的发明者,而是改良者。蒸汽机是英国人萨维利和纽可门分别于1698年和1705年独立发明的,当时人们大多利用它给矿井抽水,生产效率十分低下。

瓦特的改良使蒸汽机实现了现代化,大大提高了蒸汽机的效率。

灯泡上的瓦特

瓦特不但改良了蒸汽机,还发明了许多东西,如简便测距仪、透视图制图机、液体比重计、文字复印机等。人们为了纪念这位伟大的发明家,把计量功率的单位名称定为"瓦特",一直沿用至今。

20瓦的灯泡,2000瓦的电热器,100万千瓦的核电站……其中的"瓦",就是"瓦特"的简称。

让人破产的瓦特

瓦特能够成功改良蒸汽机,得益于很多人的支持。实业家罗巴克因支持瓦特的发明而破产;另一位实业家博尔顿,也因支持他而濒临破产,不得不把家产抵押去贷款……但面对这些困难与打击,瓦特从没有放弃自己的梦想,他一直坚持进行着试验,最终获得了成功。

瓦特的蒸汽机不仅开创了"蒸汽时代",也因占领了工业动力市场而使瓦特获得了不小的经济收益。

11 今天你看了吗？
废除奴隶贸易：结束恐怖的罪行

在人类历史上，曾经出现过残酷的奴隶制度。在那种制度下，一个人完全属于另一个人，为他干活，甚至连生命都不属于自己。在古罗马时代，奴隶们甚至被奴隶主驱赶到角斗场，或与虎狮搏命，或互相厮杀，供观众取乐。

后来，野蛮的奴隶制度被废除了。但是，从15世纪中期开始到19世纪，西方列强从非洲大陆掠走大量黑人，把他们贩运到美洲各地做奴隶，为农场主干活。这就是历史上臭名昭著的奴隶贸易。

运到美洲的黑奴，在种植园主或矿山主的非人待遇下，有三分之一在到达美洲的头三年死去，大多数人活不到十五年。每成功运到美洲一个奴隶，就会有五个奴隶

死在追捕和贩运途中。这项罪恶的贸易竟然持续了长达400年！估计从非洲运到美洲的奴隶有1200～3000万。整个非洲大陆因奴隶贸易损失的人口至少有1亿，相当于1800年非洲的人口总数。

最先从事奴隶贸易的是葡萄牙人，然后西班牙、荷兰、英国、法国等先后卷入了这项惨无人道的奴隶贸易活动中。殖民者偷袭黑人村庄，烧毁房屋，把黑人捆绑着押往停泊在岸边的贩奴船，往往在一夜之间把和平宁静的黑人村庄踏为荒无人烟的废墟。后来殖民者挑动部落之间的战争，以便在交战中俘虏对方部落的人，卖给欧洲的奴隶贩子。

不堪剥削的黑人奴隶逃跑、怠工、破坏生产、引发暴动，他们联合起来与殖民者进行对抗。经过艰苦的斗争，英国议会于1807年3月25日通过了《废除奴隶贸易法案》，并在1833年彻底废除了奴隶制度。

1862年9月22日，美国总统林肯颁布《解放黑人奴隶宣言》，为奴隶制在美国的最终废除奠定了基础。

秘密记录

恐怖的白色城堡

1482年,葡萄牙殖民者在非洲的加纳修建了一座漂亮的白色建筑——埃尔米纳城堡。

这是非洲第一座专门用于奴隶贸易的建筑,在随后的300年间,数千万非洲人被囚禁在这座城堡中,等待被运往美洲的悲惨命运。

可以说,这座城堡是奴隶贸易的最好见证,现在,每年都会有很多美国黑人奴隶的后裔来到这里,提醒自己不要忘记那段辛酸的历史。

巨额的利润

殖民者在长期贩卖黑人的过程中,逐渐形成了一套一本万利的"奴隶贸易制度"。

他们贩运奴隶一般都采取"三角航程";贩奴船满载着交换奴隶用的枪支弹药和廉价消费品,从欧洲港口出发,航行到西非海岸,称为"出程";在西非海岸用货品交换大批奴隶,然后横渡大西洋,驶往美洲,称为"中程";在美洲用奴隶换取殖民地的原料和金银,运回欧洲,称为"归程"。

一次三角航程需要六个月,奴隶贩子可以做三笔买卖,获得100%~1000%的利润。

死亡航程

奴隶贩子为了多赚钱,把奴隶塞进船舱,让他们蜷着身体,人挨人地挤在一块儿。运载奴隶的船总是超载一倍甚至更多。

由于船舱拥挤、潮湿,空气污浊,经常会诱发传染病。奴隶贩子会把患病的奴隶抛入大海。

如果航行途中遇到恶劣的天气,延误了航期,致使船上淡水、食物不足时,奴隶贩子也会把部分奴隶抛入大海,残忍至极。所幸可怕的奴隶贸易已成为历史,真希望今后的世界少一点杀戮,多一点和平。

12 听诊器：医生的魔法笛子

今天你看了吗？

1816年9月的一天，几个法国孩子在木料堆上玩耍。其中有个孩子用一枚大铁钉敲击着一根木料的一端，并让其他孩子把耳朵贴在木料的另一端倾听。

"听到了吗？"孩子们互相询问。正当他们玩得兴高采烈的时候，雷奈克医生路过了那里，他被孩子们的游戏吸引住了，不自觉地停下了脚步。他站在那里看了很久，忽然兴致勃勃地走过去问："孩子们，让我也来听听这声音行吗？"孩子们愉快地答应了。

雷奈克医生把耳朵贴着木料的一端，认真地听孩子们用大铁钉敲击木料的声音。"听到了吗，先生？""听到了，听到了！"

又过了几天，也就是1816年9月16日，雷奈克医生接诊了一位病人，需要听一听她的心跳。在此之前，医生们都是把毛巾放在病人胸前，然后将耳朵贴在毛巾上听诊的。但这位病人是一位年轻的女士，雷奈克觉得这样做有些不太合适。于是他灵机一动，马上叫人找来一张厚纸，将纸紧紧地卷成一个圆筒，将圆筒的一头按在小姐心脏的部位，另一头贴在自己的耳朵上。果然，小姐心脏跳动的声音，甚至一些轻微的杂音都被雷奈克医生听得一清二楚。

雷奈克回家后，马上找人专门制作了一根空心木管，长30厘米，直径0.5厘米，为了便于携带，他将木管从中间剖分为两段，用螺纹将其旋转连接，这就是第一个听诊器。因为这种听诊器的样子像笛子，所以又被称为"医生的笛子"。

有时，改变就在一瞬间，也正是这样一个卷起的纸筒，让临床医学向前迈进了一大步。后来，听诊器经过不断改进，已经成为医生们常用的诊断工具。

秘密记录

漫长的改良

1840年，英国医师乔治·菲力普·卡门改良了雷奈克设计的单耳听诊器。

卡门认为，双耳听诊能更正确地诊断病情。他发明的听诊器是将两个耳栓用两条可弯曲的橡皮管连接到可与身体接触的听筒上，听诊器是一个中空镜状的圆锥。

1937年，凯尔再次改良了卡门的听诊器，增加了第二个可与身体接触的听筒，可产生立体音响的效果。这个听诊器被称为"复式听诊器"，它能帮助医生更准确地找出病人的病灶所在。

名医雷奈克

雷奈克在求学时不仅学习成绩优异，而且也在学术上有所研究。比如他在研究酒瘾患者因受损而结痂的肝脏时，发现了肝上有暗棕色的特殊光泽，便使用希腊文"暗褐色或暗棕色"来形容它，后来此病也因此而被命名为"雷奈克氏肝硬化"。

直到现在，一些医生提到雷奈克的名字，首先想到的还是肝硬化而不是听诊器。

高科技听诊器

电子听诊器：这种听诊器利用电子技术放大了身体的声音，克服了声学听诊器噪音大的缺点。

拍摄听诊器：这种听诊器可以与电脑相连，把声音信号变为电子信号。某些电子听诊器具有音频输出功能，可以将其与外部的记录装置连接，诸如笔记本电脑或MP3录音机，用它们保存下这些声音，再通过听诊器耳机听先前录制的声音，医生便可深入了解患者病情，进行远程诊断。

多普勒听诊器：这是一种电子装置，用于监测身体器官内的多普勒效应，尤其适合监测持续运动的器官，如跳动的心脏。

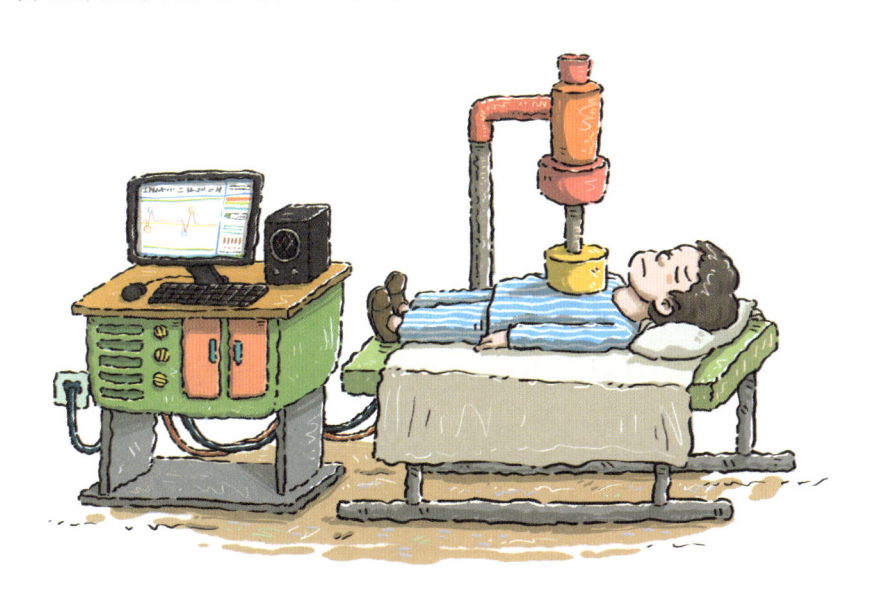

13 电磁效应：开启电气时代

今天你看了吗？

小时候你一定玩过磁石吧？磁石与铁会互相吸引。在我们的生活中，离不开电，电灯、电视、电脑等都要用到电，但电是从哪里来的？你知道电和磁石之间有什么关系吗？

这两者之间的关系是英国科学家法拉第通过研究后发现的。1791年9月22日，法拉第出生在一个贫苦的铁匠家庭。由于贫困，他无法上学，只好到一个书商家里当学徒。法拉第带着强烈的求知欲望，如饥似渴地阅读各类书籍，汲取了许多自然科学方面的知识，尤其是《大英百科全书》中关于电学的文章，强烈地吸引着他。他努力地将书本知识付诸实践，进行简单的化学和物理实验。他还与朋友们建立了一个学习小组，常常在一起讨论问题，交流思想。

1831年，法拉第通过实验发现，用电池给一组线圈通电（或断电）的瞬间，另一组线圈会获得感应电流。同年，法拉第又发现，当磁体与闭合线圈相对运动时，在闭合线圈中会产生电流，由此发现了"电磁感应"现象。

这一实验促成了人类历史上一个伟大的电学发

明——第一台发电机问世了。发电机的发明奠定了电磁学的实验基础，把人类带到了电气时代，再次引发了工业革命。

但看似简单的实验却伴随着长期的努力。1821年，法拉第在读过奥斯特关于电流磁效应的论文后，被深深地吸引了。通过奥斯特的实验，他认为电与磁是可以和谐共存的。既然电能生磁，他坚信磁亦能生电。此后，他经过十年艰苦探索，历经多次失败后，终获成功。

法拉第把人类带到了电气时代，后世的人们在享受他带来的文明成果的同时，没有忘记这位伟人，选择了"法拉"作为电容的国际单位。

拒绝年金

1835年,英国内阁首相罗伯特·皮尔爵士建议设立一种年金,奖给在科学或者文学领域做出突出贡献的人。皮尔首相很赏识法拉第的才华,因此准备将科学奖授予法拉第。

法拉第知道这个消息以后,马上给首相写了封信,表示自己可以自食其力,坚决拒绝了这份年金。

在寄出这封信以前,所有知道此事的朋友都试图劝阻法拉第,他们觉得这样做有些失礼,而且他的生活境况确实窘迫。但法拉第却坚持己见,拒绝了这笔不菲的奖金。

以平民为荣

1835年圣诞节刚过不久,一家报纸在头版头条登出了法拉第的相片,并用醒目的黑体字写道:迈克尔·法拉第教授即将被授予爵士爵位。法拉第对此一笑了之。

很快从内阁传出消息,皇室的确考虑要封法拉第为爵士。但是当内阁几次派人向法拉第说明此事时,他竟然都谢绝了,他告诉人们:"我以身为平民为荣,并不想变成贵族。"

热心科学传播

法拉第非常热心科学传播工作,在他担任皇家研究所实验室主任后不久,即发起了星期五晚间讨论会和圣诞节少年科学讲座。

他在星期五晚间讨论会上作过100多次讲演,在圣诞节少年科学讲座上坚持讲演了十九年之久。

法拉第热心科学传播事业,为此,他放弃了一切有丰厚报酬的商业性工作。1857年,他谢绝了英国皇家学会会长的提名,始终心甘情愿地以平民的身份履行着自己献身科学的诺言。

14 今天你看了吗？
国际红十字会成立：
人道主义的力量

1859年6月24日傍晚，一位名叫亨利·杜南的瑞士商人在途经一个名为"索尔弗利诺"的小镇时，目睹了一场残酷的战役。仅仅一天之内，竟有约4万名战士伤亡。

亨利·杜南震惊于战争的可怕后果，更震惊于受伤战士的痛苦和他们缺乏急救及基本护理的现实。他彻底放弃了原本计划好的旅行，完全投入帮助救治和护理伤者的工作中。

他动员当地百姓不带歧视地提供援助，伤员的救治工作因此收到了良好的成效。回到瑞士，他呼吁建立国际公约，为战场上的伤病员提供保护。

1863年，亨利·杜南与四位瑞士居民一起建立了"伤兵救护国际委员会"。1864年8月，16个国家的代表再次于日内瓦聚会，订立了《改善战地武装部队伤者病者境遇之日内瓦公约》。公约规定：救护车、军用医院和医务人员都被认为是中立的，应受到交战各方的保护和尊重；

伤病士兵不论来自哪个国家，都应予以保护和治疗；采用统一的白底红十字作为识别标志。这就是国际红十字会的成立。

　　国际红十字会的总部设于瑞士日内瓦，致力于保护国内和国际性武装冲突的受害者。它是一个广受赞誉的组织，也是世界上获得最广泛认可的国际性组织之一，于1917年、1944年和1963年三次荣获诺贝尔和平奖。

终生慈善

1901年，琼·亨利·杜南和弗雷德里克·帕西（国际和平联盟和各国议会联盟创始人之一）共同获得首届诺贝尔和平奖。

虽然晚年的杜南很贫穷，但是他一直没有动用诺贝尔奖所提供的奖金，最后他把大部分的奖金捐给了挪威与瑞士的慈善机构。

1948年，也就是杜南先生逝世之后38年，国际红十字会第二十届理事会决定把每年的5月8日，也就是亨利·杜南先生的生日，定为"世界红十字日"。

明信片救济

1916年至1918年第一次世界大战期间，国际红十字会发行了一些印有战俘营画面的明信片。

国际红十字会此举

的目的是为被关押者的家庭带来希望和慰藉,并借此缓解他们对家人未卜命运的担忧。

战争结束后,国际红十字会也动用了所有力量,先后将约42万名被关押者送回他们的祖国,让这些饱受战争伤害的人们得以和家人团聚。

为红十字会工作

1963年,正值国际红十字会创建一百周年之际,它第三次荣获诺贝尔和平奖。

自1993年起,非瑞士籍公民也可作为国际红十字会派驻国外的代表,而在此之前,驻外代表则严格限制为瑞士籍公民。

此后,国际红十字会非瑞士籍会员的比例迅速增加,可见和平是世界各国人民的共同愿望。

15 今天你看了吗?
遗传学:豌豆里的秘密

不知道你是否曾经有过这样的疑惑:为什么班上所有的同学都长得不一样呢?为什么我长得有点像爸爸,又有点像妈妈呢?

其实,这些问题都可以从遗传学的角度来解释。不过,告诉你一个小秘密,如此深奥的科学是在一块豌豆地里获得重大进展的呢!

1857年,捷克布吕恩南郊的农民们发现,修道院里来了个奇怪的人。这个"没事找事"的怪人在修道院后面开垦出一块豌豆田,终日用木棍、树枝和绳子把四处蔓延的豌豆苗支撑起来,让它们保持"直立的姿势",他甚至还小心翼翼地驱赶传播花粉的蝴蝶和甲虫。

这个人名叫孟德尔。在当时的欧洲,人们热衷于通过植物杂交实验,了解生物遗传和变异的奥秘,而研究遗传和变异首先要选择合适的

实验对象，孟德尔选择了豌豆。

1857年夏天，孟德尔用34粒豌豆种子开始了他的工作，虽然他的一系列实验被人们称为"毫无意义的举动"，但他还是坚持了八年时间。

直到1865年，他终于发表了题为《植物杂交试验》的论文，提出了遗传因子（现称为"基因"）、显性性状、隐性性状等重要概念，并揭示出了遗传学的两个基本规律——分离定律和独立分配定律。

这两个重要规律的发现，为遗传学的诞生和发展奠定了坚实的基础，这也正是令孟德尔名垂后世的重大科研成果。

分离定律和独立分配定律被发现后，人们终于能够解释各种遗传现象，并将之延伸到农林科学领域。

我们为什么长得像爸爸妈妈

我们的身体是由数十亿个细胞构成的。细胞里面有个叫细胞核的组织，细胞核中有细长的丝状染色体。人体内约有十万个基因。我们长得像爸爸妈妈，就是因为基因的关系。基因让每个人都拥有了一个独特的样子。所以，我们的性别、眼睛、头发颜色等身体特征，都是由基因来决定的。

染色体内含"基因密码"，能把父母的特质遗传给子女。其中，决定人性别的染色体称为"性染色体"。正常人体内有22对常染色体和一对性染色体。子女会从父母那儿各得到一半基因，结合成完整的染色体。

杂交水稻

A型　　B型　　AB杂交型

孟德尔遗传学原理应用在杂交水稻上，解决了很多人的吃饭问题。选用两个在遗传学上有一定差异、同时两者的优良性状又能互补的水稻品种进行杂交，就会产生杂交水稻。在同样的条件下，杂交水稻的产量比普通水稻约高两成。中国杂交水稻研究的成功，引起了国外专家的重视。许多国家要求传授和转让技术。1979年，这项技术输出到了菲律宾国际水稻研究中心；1980年，这项技术输出到了美国。

不约而同的发现

1900年，荷兰人德弗里斯、德国人科伦斯、奥地利人切尔马克通过实验，几乎在同一时期发现了植物遗传的规律。

发表论文需要介绍前人的研究情况，于是三个人分别去图书馆查阅文献资料。结果，他们不约而同地发现，早在35年前，孟德尔的论文中已经提出了植物遗传规律。

钦佩之余，三个人在各自发表的论文中，都谈到了孟德尔的学说，并谦虚地说自己只是证实了已经去世的孟德尔的观点。

16 今天你看了吗?
巴氏消毒法:挽救了葡萄酒厂

我们经常喝牛奶,通常,刚挤出来的牛奶并不能直接饮用,只有经过消毒后,喝了才不会拉肚子。可是你知道该怎么给牛奶消毒吗?

目前,世界上应用最广泛的消毒方法就是巴氏消毒法。在英国、澳大利亚、美国、加拿大等国家,巴氏消毒奶的消耗量已经占到液态奶总消耗量的80%以上。而发明这种消毒方法的人,就是100多年前的法国微生物学家巴斯德。

早在19世纪,法国的啤酒业、葡萄酒业便在欧洲十分出名,但啤酒、葡萄酒常常会因为温度、湿度的变化而变酸。整桶芳香可口的啤酒,变成了酸得让人不敢碰的黏液,最后不得不忍痛倒掉,这让酒商们叫苦不迭,有些人甚至因此而破产。

1856年,法国里尔一家酿酒厂厂主请求巴斯德的帮助,想看看能否找到防止葡萄酒变酸的办法。

　　巴斯德答应研究这个问题。他在显微镜下观察,发现未变质的陈年葡萄酒液体中有一种圆球状的酵母细胞,当葡萄酒和啤酒变酸后,酒液里有一根根细棍似的乳酸杆菌,就是这些"坏蛋"在营养丰富的葡萄酒里繁殖,使葡萄酒变酸了。

　　巴斯德把封闭的酒瓶放在铁丝篮子里,泡在水里加热到不同的温度,希望既能杀死这些乳酸杆菌,又不至于把葡萄酒煮坏。

　　经过反复的试验,他终于找到了一个简便有效的方法:用50℃至60℃的温度加热啤酒半小时,就能达到既消灭乳酸杆菌,又不破坏啤酒口感的效果。这就是后来被广泛应用的"巴氏灭菌法"。

　　用巴氏消毒法保存的纯鲜奶在口感上十分不错,这一方法也是目前世界上最先进的牛奶消毒方法之一。只要在4℃左右的温度下保存巴氏消毒奶,在几天之内饮用都是比较安全的。

致命的微生物

在巴斯德生活的时代，医学水平较为落后。在接受外科手术时，患者常常会因为败血症而死亡。医生格兰怀疑伤口化脓与空气中的微生物有关，便邀请巴斯德一同对此进行研究。

巴斯德是个善于思考的人，他不禁联想到：人和动物的某些疾病，是否也跟微生物有关呢？后来，经过多次实验，巴斯德终于证明传染病和伤口化脓的始作俑者都是微生物。

于是，巴斯德建议在进行外科手术时，将手术器具放在火焰上灼烧，以杀灭那些致命的微生物。但遗憾的是，当时大多数医生并不认同巴斯德的说法。

挽救畜牧业

巴斯德还研究了鸡的霍乱病，他经过多次试验后发现，这种致病的微生物能在鸡软骨做成的培养基上很好地生长。一小滴新鲜的培养物能迅速杀死一只鸡。当用腐朽的、不新鲜的培养物给鸡接种时，它们几乎都只有些轻微的症状，并能很快恢复健康。再用新鲜的、有毒的培养物给这些鸡接种时，它们便对这种病有了较强的抵抗力。

就这样，巴斯德用预防注射的方法使鸡产生了对鸡霍乱病的免疫能力，从而使畜牧业免受灭顶之灾。

发明狂犬疫苗

1885年7月6日，9岁的法国小孩梅斯特被一只狂犬咬伤14处，医生诊断后宣布他生存无望。然而，巴斯德却不放弃，每天给他注射一支新研制的狂犬病疫苗。两周后，梅斯特转危为安。

巴斯德终于解决了狂犬病难题，被誉为"狂犬病的征服者"。1888年，为表彰他的杰出贡献，法国成立了巴斯德研究所，由他亲自担任所长。

17 今天你看了吗？
化学元素周期表：
纸牌玩出的科学奥秘

世间万物都有自身的规律，就看我们能不能发现。英国化学家纽兰兹首先发现了化学元素的周期性，而俄国的化学家门捷列夫在纽兰兹研究的基础上经过总结与改进，制作出了化学元素周期表，揭示了化学元素之间的内在联系。

原子是组成分子和凝聚态物质的基本单位。我们用肉眼观察不到，只有在显微镜下才能看得到它们。门捷列夫的化学元素周期表，开创了化学发展的新时代。

门捷列夫曾编写教学教材，但是他在授课的过程中遇到了难题：当时化学界发现的化学元素已达63种，那么到底应该按照什么次序来排列它们的位置呢？

为了寻找元素的科学分类方法，门捷列夫不得不研究有关元素之间的内在联系。于是他找来一些白色卡片，把这些元素信息都写在卡片上。每一张卡片上都标有元素名称、原子量、化合物的化学式和主要性质。门捷列夫把它们分成几类，然后摆放在一张宽大的实验台上。

接下来的日子，门捷列夫把元素卡片进行了系统的整理。他的家人看到一向珍惜时间的教授突然对"纸牌游戏"热衷起来，都感到十分奇怪。门捷列夫旁若无人，每天手拿元素卡片像玩纸牌那样将它们收起、摆开，再收起、再摆开，皱着眉头反复摆弄……

冬去春来，门捷列夫没有在杂乱无章的元素卡片中找到内在的规律。有一天，他又坐到桌前摆弄起"纸牌"，摆着摆着，他因为疲劳睡着了。睡梦中，在他面前竟然出现了一个神奇的景象，元素们随着相对原子质量的增大排列成一张元素周期表。

"天哪，这真是我人生中最美好的一天！"门捷列夫兴奋得立刻清醒过来，这一天，他终于发现了化学元素之间的规律！

之后，经过长期艰苦的研究，1869年2月，他终于编制出一份包括当时已知的全部63种元素的元素周期表，揭示出元素具有周期性变化的规律。1871年，他重新修订了元素周期表，将竖列的表格改为横排，突出了元素族和周期的规律性，并划分了主族和副族，使之基本上具备了现代元素周期表的形式。

秘密记录

元素的"音乐性"

元素不是一群乌合之众,而是一支训练有素的军队,按照严格的命令井然有序地排列着,它们是怎么排列的呢?

门捷列夫发现:元素的性质呈周期性的变化。他把当时已经发现的63种元素按其相对原子质量和性质排列成一张表。结果发现,从任何一种元素数起,每数到第8个元素,它的性质就和第一个元素的性质相近,他把这个规律称为"八音律"。

短暂的住户

到2006年为止,已经确认的化学元素共有135种。在这些化

学元素中，有32种是放射性元素。其中8种是天然放射性元素，24种是自然界极少存在或完全没有的，是用核反应制取的人工放射性元素。

人们普遍认为元素周期表没有终点。不过再发现新元素将越来越困难，因为这些元素的寿命都很短很短，有的只有一百亿分之一毫秒左右（1秒等于1000毫秒）。它们是元素周期表的短暂住户。

梦中灵感

门捷列夫用一张张卡片寻找元素之间的规律，但是想了很久依然一无所获。

1869年2月14日早上，门捷列夫为了研究这个难题，已经三天三夜没有闭眼了，最终疲惫不堪地睡着了。在睡梦中，他仍然没有停止思考，居然梦见了一张元素周期表出现在自己面前，所有的元素都各居其位。

从梦中醒来的门捷列夫欣喜若狂，立刻把它写了出来，这就是我们现在所知道的元素周期表。

18 内燃机：
让汽车的"心脏"跳得更有力

今天你看了吗？

当代人们出行几乎离不开汽车。但你知道汽车的动力是从哪里来的吗？其实汽车的动力是由汽车的发动机提供的。我们往汽车里加入汽油，为发动机提供动力，这样汽车就能跑起来啦。

说起来简单，汽车发动机（也叫内燃机）却是一个复杂的机器，是经过很多人的努力加以完善才成为今天的样子的。内燃机的发明者是一位德国的工程师奥托。

在奥托之前，1860年，法国人鲁诺瓦尔发明了一种使用气体燃料的发动机。不过，这种发动机的热效率极低，仅为5%，而所消耗的燃料却比蒸汽机多得多。

奥托知道，只要用简单的引火

方法，就能将石油或酒精蒸汽引爆。于是，他一次又一次制作各种气缸，进行引爆实验以推动活塞，但结果无一成功。

奥托从失败中总结教训，不断调整燃气和空气的混合比。

奥托心想：要是让一个冲程进气，另一个冲程压缩，第三个冲程点火发动，最后一个冲程用来把燃烧废气排出气缸，那该多好！这四个冲程的内燃机蓝图，使奥托更加接近成功了。

1876年，奥托终于设计出一个改良了的点火系统，有了这个系统就可以制造出一台实用的四部冲程引擎。第一台样机于1876年5月制造成功，第二年就获得了专利权。四部冲程引擎的功率和性能具有明显的动力优势，因此大获成功。

1876年，奥托完善了内燃机。不久，内燃机被装到车上，新型的交通工具——汽车诞生了；内燃机被装到轮船上，大大加快了船只的航行速度。可以说，内燃机的发明引发了又一次交通工具的革命。

躲在被子里学习

因为父亲生病，年幼的奥托不得不在很小的时候就承担起了家庭生活的重担。他中断学业，前往德国科隆，在一个小工匠铺赚些钱养家糊口，而且一干就是10年。但他并没有因此放弃学习，白天他努力地工作，晚上则躲在被窝里看有关机械方面的书籍。

这段艰苦的生活经历，在奥托的记忆中留下了深刻的印象，也培养了他不屈不挠的奋斗精神，为他日后战胜一个又一个的困难奠定了良好的基础。

朋友的捐助

奥托有了改进内燃机的想法后，很快就把发动机制造了出来。但当他兴冲冲地将自己的发明申请提交专利审批时，竟然被无情地拒绝了，理由是机器的稳定性不够。

这对于奥托来说无疑是晴天霹雳，因为为了试验，他甚至把母亲最后一点积蓄都用光了。

但幸运的是，在贫困交加之际，朋友郎根向奥托提供了一笔可观的资金，这才使得奥托的研究工作得以继续。

煤气内燃机

早期的内燃机是以煤气为燃料的煤气机。煤气机虽然比蒸汽机更具优势，但在社会化大生产的环境下，仍不能满足交通运输业的需求。

到了19世纪下半叶，随着石油工业的兴起，石油产品渐渐取代煤气被用作内燃机的燃料，大大提高了工作效率。

19 今天你看了吗？
现代奥林匹克运动：体育无国界

不知你们有没有想过，世界这么大，各种语言、各种肤色的人如何交流？其实全世界的人们有一个共通的"语言"——体育运动。

通过体育比赛，大家能够增进友谊，交流沟通，这也是人们举办世界性体育赛事的真正目的。

奥林匹克运动会就是这样的盛会。不过最初奥林匹克运动会只是古希腊人的运动会，它从公元前776年开始，到公元393年为止，共举行了293届。之后，被罗马皇帝狄奥多西一世禁止。

就这样，奥林匹克运动沉寂了上千年。19世纪末，法国人顾拜旦提出了恢复奥林匹克运动会的建议。

1892年，顾拜旦发表了《复兴奥林匹克运动》的演说，正式提出创办现代奥林匹克运动会的想法。

1894年6月,在顾拜旦的推动下,在巴黎召开了国际体育会议。6月23日,国际奥林匹克委员会正式成立。顾拜旦亲自草拟、制定了第一部《奥林匹克宪章》,确定了现代奥运会的指导思想,获得了来自12个国家的代表们的一致认可。这次会议还决定于1896年在奥林匹克运动的发祥地希腊举行第一届现代奥运会,以后则按照古希腊传统每4年举行一次。

　　1896年4月6日,第一届夏季奥林匹克运动会在希腊雅典举行。开幕式上,希腊国王乔治高度赞扬了顾拜旦对世界体育事业做出的杰出贡献。

　　在一百多年后的今天,奥运会不仅是体坛的盛事,更成为普天同庆的节日,吸引着世界各国的运动员和所有热爱体育事业的人们。

第一名是银牌

1896年，在希腊雅典举行的第一届现代奥林匹克运动会上，冠军获得的是一枚银质奖章和一个橄榄枝做的花冠，亚军获得的是一枚铜质奖章和一顶桂冠。第二届奥运会在巴黎举行，主办方希望颁发"特别富有艺术意义"的奖品，于是给每位参赛者颁发了一枚长方形的纪念章，图案是勇士手执橄榄枝。

举世瞩目的北京奥运会

2008年8月8日至24日，第二十九届夏季奥林匹克运动会在中国北京举行。此次奥运会的吉祥物"福娃"，融入鲤鱼、大熊猫、圣火、藏羚羊以及燕子的形象设计而成，向世界各地的孩子们传递友谊、和平、积极进取的精神和人与自然和谐相处的美好愿望。而此次奥运会的口号——同一个世界，同一个梦想（One World One Dream），更是集中体现了奥林匹克精神的实质：团结、友谊、进步、和谐、参与和梦想，表达了全世界人追求美好未来的共同愿望。

举办地之争

最初,希腊人认为奥林匹克运动会起源于希腊,雅典应是奥林匹克运动会的永久举办地。然而顾拜旦始终坚持奥林匹克运动是属于世界的,应该在全世界各个不同的城市举办。顾拜旦的坚持,才使奥林匹克运动有了今天的辉煌。

顾拜旦坚持和平、友谊、进步的宗旨,反对歧视、坚持平等的原则,将奥运与文化、教育相结合,重视人的和谐发展,这些如今都被写入了《奥林匹克宪章》中。

来自学校的口号

奥林匹克运动有一句著名的格言:"更快、更高、更强"。这一格言是顾拜旦的好友、巴黎阿奎埃尔修道院院长迪东在一次户外运动会上,鼓励自己的学生们时说过的一句话——"在这里,你们的口号是:更快、更高、更强。"

后来,顾拜旦将这句话用于奥林匹克运动。他说:"奥林匹克运动最重要的不是胜利,而是参与;正如在生活中最重要的事情不是成功,而是奋斗;最本质的事情并不是征服,而是奋力拼搏。"

20 X射线：看清楚身上的每一块骨头

今天你看了吗？

如果给你一副眼镜，戴上之后能够看到人的骨骼，你会不会觉得很神奇？

X射线可以帮助人们看到人的骨骼。X射线是德国科学家伦琴发现的，他因此于1901年获得了诺贝尔物理学奖。

1895年11月，一个寒冷的傍晚，伦琴像往常一样走进实验室。突然，他发现了一个奇特的现象：在离放电管不到1米的小工作台上，射出一道绿色的荧光！原来，那里有一块硬纸板，上面镀着一层氰亚铂酸钡的晶体材料，神秘的光线就是它发出来的！

伦琴随手拿起一本书，把它挡在光电管和纸板之间，想证实自己的推断。神

奇的事情发生了,这种射线竟能穿透固体物质!伦琴抑制不住内心的激动,接连几天,他把自己关在实验室里。

有一天,他无意之中把手挡在光电管和纸板之间,一下子惊呆了,他清楚地看到每个手指的轮廓,并隐约地看出了手掌骨骼的阴影!

一天,伦琴的妻子来到实验室,他问妻子:"你愿意作为我的实验对象吗?"妻子见丈夫一本正经的样子,勉强同意了。

她小心翼翼地把手放在装有照相底片的暗盒上,伦琴用光电管对着她的手照射了15分钟。当他把照片送到妻子面前时,她被吓得浑身打颤。她简直不敢相信,自己丰润的手在照片里竟然骨骼毕露!

这是历史上最早的X射线照片,伦琴给这种射线起的名字,被沿用至今。现在我们去医院,拍X光片就是利用伦琴发现的这种射线,它被广泛应用在医学、工业领域,成为人类的重大发现之一。

没有发言的获奖者

伦琴发现X射线的时候已经是著名的科学家了。发现X射线后，他获得了诺贝尔奖，当时，诺贝尔奖刚刚设立，他的获奖也在一定程度上提升了这一新奖项的声誉。

然而，伦琴却没有发表诺贝尔奖章程中要求的获奖感言。因为这位著名的科学家不爱在公众场合抛头露面，一生中多次避开了这样的发言。

以"伦琴"命名

伦琴一生在物理学领域进行研究工作，不过因为他发现了X射线并赢得了巨大的荣誉，以至于其他的贡献大多不为人所注意。

为了纪念伦琴的成就，X射线在许多国家被称为"伦琴射线"。另外，第111号化学元素铊（Rg）也以伦琴的名字命名。

在伦琴的祖国德国，有许多以伦琴的名字命名的学校、街道和广场。由于伦琴在物理学方面的杰出成就，在德国的吉森市、柏林市和伦琴的出生地莱纳普都建有伦琴纪念碑。

X射线的"光芒"

X射线的发现，轰动了当时的国际学术界，伦琴的论文《一种新射线——初步报告》在三个月之内就印刷了五次，并被译成英、法、意、俄等文字广泛传播。伦琴还应邀到柏林皇宫，当着威廉皇帝和王公大臣们的面进行了演示。

X射线作为19、20世纪之交的三大发现之一，激发了学术界极大的研究热情。据统计，仅在1896年一年，世界各国发表的相关论文就有1000多篇。

21 发现人类血型：挽救了无数的生命

今天你看了吗？

你知道自己的血型吗？是A型、B型、AB型还是O型血？据说，不同血型的人有不同的性格呢。

今天我们去医院可以很方便地检测出自己的血型。但是，你知道吗？在20世纪之前，人们竟然不知道血型这回事，因此也酿成了很多医疗事故。

1908年，奥地利生物学家卡尔·兰茨泰纳当起了医生。春天的一个上午，医院的大厅里突然传来一位妇人的痛哭声，原来是她的孩子生病发烧，几天后又出现下肢瘫痪的症状，医生们认为这是一种不治之症。兰茨泰纳仔细检查患儿后认为还有希望，他运用血清免疫的原理，把患儿的病原因子输到一只猴子身上，待猴子产生抗体之后，再把猴子的血制成含有一种抗体的血清，将这种血清接种到患儿身上，患儿很快就得救了。

在这之前，人们并不知道血型的存在，而是随意地给病人输血，结果有的病人好了，有的病人死去了。兰茨泰纳的这项发现被认可后，挽救了很多人的生命。1930年，兰茨泰纳因为此项发现，获得了诺贝尔生理学或医学奖。

但你也许会觉得奇怪，按照英文字母的排列顺序，

A后边是B，B后边应该是C，可为什么血型的排列偏偏不按顺序出牌，非要在B后面安排一个O呢？传说，兰茨泰纳当时没有发现AB型的存在。那时，他所阐述的O型并不是英文字母O，而是阿拉伯数字0，意思就是，这种血型与其他血型没有反应（反应=0）。

没想到，第二年，维也纳大学的德卡托罗和史托力尔又发现了另一种血型——AB型，这样便有了四种血型。这种分类方法得到了医学界的普遍认同，并开始向全世界传播，而在文字记录中，有人将阿拉伯数字0，误写成了英文字母O。

1920年，世界卫生组织正式将人类的血型分类为A型、B型、O型、AB型四种。

秘密记录

动物也有血型

过去，人们认为只有人类才有血型。现在我们知道，狗、鸡和许多动物都有血型系统。

生长在美国缅因海湾的角鲨有四种血型。大麻哈鱼至少有八种抗原类型的组合，常随不同地区的种群而异。而家畜也有血型，马有四种，牛有三种，猪也有四种。黑猩猩的血型全部属于O型或A型，猩猩属于B型，大猩猩既有B型也有A型，长臂猿的血型有A型、B型及AB型。

植物也有血型

经过科学家们的研究，我们已经知道：萝卜、芫菁、葡萄、山茶、山槭、卫矛等为O型；扶劳藤、罗汉松、大黄杨等为B型；李子、荞麦、金银花等为AB型。有趣的是，枫树有O型和AB型两种血型。到了秋天，属O型的树叶变红，属AB型的则泛黄。

更有趣的是，科学家研究了500多种被子植物和裸子植物的种子和果实，发现其中60种有O型血型，24种有B型血型，另一些植物有AB型血型，但就是没有找到A型血型的植物。

32种血型

2012年2月28日，美国科学家发现了两种全新的血型，由此人类血型的总数增至32种。

发现这两种全新血型的是美国佛蒙特大学生物学家布莱恩·巴利夫为首的研究团队。巴利夫和同事们在实验中发现了两种名为ABCB6和ABCG2的特殊转运蛋白，随后经法国国家输血研究所确认，这确实是两种此前未被识别的转运蛋白，含有这两种蛋白的新血型则分别被命名为"朗格雷"和"尤尼奥尔"。

献血日的来历

2001年，在南非约翰内斯堡举办的第八届自愿无偿献血者招募国际大会上，世界卫生组织、红十字会与红新月会国际联合会、国际献血组织联合会、国际输血协会联合倡导，将ABO血型系统的发现者——卡尔·兰茨泰纳的生日——每年的6月14日定为"世界献血者日"，从2004年起正式推行。

22 诺贝尔奖：国际最高荣誉

今天你看了吗？

众所周知，诺贝尔奖专门奖励世界上各个领域对人类做出杰出贡献的人。每年的12月10日下午4点30分，隆重的诺贝尔授奖大典分别在瑞典首都斯德哥尔摩和挪威首都奥斯陆两地举行。和平奖得主由挪威国会主席在奥斯陆市政厅举行的仪式上授奖，其他奖项的得主由瑞典国王在斯德哥尔摩音乐厅举行的仪式上授奖。

为什么定在这个日子呢？因为这个奖的创始人，瑞典著名的化学家阿尔弗雷德·贝恩哈德·诺贝尔于1896年12月10日下午4点30分逝世。

诺贝尔不仅是一位伟大的化学家，还是杰出的工程师、发明家、企业家。他一生共获得129项发明专利，著名的硝化甘油炸药就是他发明的，他不仅从事研

究发明，还在五大洲20多个国家开设了约100家公司和工厂，一生积累了无数的财富。在诺贝尔即将辞世的时候，他写下了遗嘱，用遗产中的3100万瑞典克朗成立一个基金会，将基金所产生的利息每年奖给在前一年中为人类做出杰出贡献的人。

1901年的12月10日下午4点30分，第一届诺贝尔奖正式颁布了。从那一刻起，每年的这个时候，都是人类的盛大节日，除了1940年至1942年间因第二次世界大战而停止了颁奖，其他时候都没有中断过。

诺贝尔奖设物理、化学、生理或医学、文学、和平五个奖项，在诺贝尔的遗嘱里，明确地说到获奖人不受任何国籍、民族、意识形态和宗教信仰的影响，评选的唯一标准是成就的大小。也许正是这种博大的胸怀，才让人们对他如此敬仰！

1968年，瑞典国家银行在成立300周年之际，向诺贝尔基金捐赠大量资金，增设"纪念阿尔弗雷德·诺贝尔瑞典银行经济学奖"。此奖在1969年首次颁发，人们习惯上称这个额外的奖项为诺贝尔经济学奖。

从不安全到安全

诺贝尔最初制造的硝化甘油并不安全，经常发生爆炸：美国的一列火车因此被炸成了一堆废铁；德国的一家工厂因此炸毁了厂房和附近的民房；"欧罗巴"号海轮，在大西洋上遇到大风颠簸，引起硝化甘油爆炸，船毁人亡。这些惨痛的事故，使世界各国对硝化甘油失去信心，有些国家甚至下令禁止制造、贮藏和运输硝化甘油。

面对艰难的局面，诺贝尔没有灰心，他经过反复试验发现：用一些多孔的木炭粉、木屑、硅藻土等吸收硝化甘油，能减少爆炸的危险。最后，他用一份重的硅藻土，去吸收三份重的硝化甘油，第一次制成了运输和使用都很安全的硝化甘油工业炸药。这就是诺贝尔安全炸药。

巨额奖金

诺贝尔奖的奖金以瑞典的货币颁发，每年的奖金金额视诺贝尔基金的投资收益而定。1901年第一次颁奖的时候，每单项的奖金为15万瑞典克朗，这在当时相当于瑞典一个教授工作20年的薪金。

1980年，诺贝尔奖的单项奖金达到100万瑞典克朗，1991年为600万瑞典克朗，1992年为650万瑞典克朗，1993年为670万瑞典克朗，2000年单项奖金达到了900万瑞典克朗（当时约折合100万美元）。从2001年到2011年，单项奖金均为1000万瑞典克朗（在2011年，约折合145万美元）。

神秘的花朵

诺贝尔颁奖仪式隆重而简朴，每年出席的人数限制在1500人到1800人。男士必须穿着燕尾服或民族服装，女士穿着庄重的晚礼服。仪式中所用的白花和黄花必须从意大利小镇圣莫雷（诺贝尔逝世的地方）空运而来。

获奖家族

获得诺贝尔奖次数最多的人是法国籍波兰裔科学家居里夫人，她是第一位获得诺贝尔奖的女性，也是第一位两次在不同领域获得诺贝尔奖的人。她分别获得1903年诺贝尔物理学奖与1911年诺贝尔化学奖。而20多年后，居里夫人的长女和其夫约里奥一起发现了人工放射性物质，并共同获得了诺贝尔化学奖。

23 今天你看了吗？
大陆漂移说：
大陆原来是一整块的

　　如果有人对你说，地球上的大陆板块就像几块分散的拼图，如果将它们重新拼接，会发现这些板块在很早的时候其实是一个整体。你会相信这种说法吗？

　　这就是著名的大陆漂移学说，它是由德国气象学家魏格纳发现并提出的。

　　1910年的一天，年轻的德国气象学家魏格纳身体欠佳，正躺在病床上休息。

　　百无聊赖中，贴在墙上的一幅世界地图吸引了魏格纳的目光。看着看着，他竟然有了一个意外的发现：大西洋两岸的轮廓竟然互相对应，特别是巴西东端的凸角部分与非洲西岸凹入大陆的几内亚湾，一凸一凹看起来十分吻合。而自此往南，巴西海岸每一个凸出部分，恰好对应非洲西岸同样形状的海湾；相反，巴西海岸每一个海湾，在非洲西岸都有一个凸出部分与之对应。

　　这难道是巧合吗？这位青年学者的脑海里突然闪

过这样一个念头：非洲大陆与南美洲大陆是不是曾经贴合在一起？也就是说，在很久很久以前，也许它们之间并没有大西洋的阻隔，完全是因为地球自转的分力使原始大陆分裂、漂移，才形成如今的海陆分布情况的？

第二年，魏格纳开始搜集资料，验证自己的设想。在严谨的科学研究的基础上，魏格纳的代表作《海陆的起源》于1915年问世了。

在这本书里，魏格纳阐述了一个惊人的观点：泛古大陆原本是连在一起的，之后由于大陆漂移而分开了，分开的大陆之间出现了海洋。

不过在当时，魏格纳的理论并不被学界接受，很多人认为他的想法十分荒唐，还有人开玩笑说，大陆漂移学说只是一个"大诗人的梦"而已。

直到魏格纳去世30年后，板块构造学说席卷全球，人们才终于认识到大陆漂移说的正确性。

秘密记录

零下65℃的探险

魏格纳在反对声中不停地为他的理论搜集证据。

1930年4月,魏格纳率领一支探险队,迎着北极的暴风雪,第四次登上格陵兰岛进行考察。在零下65℃的严寒下,大多数人失去了继续探索的勇气,只有他和另外两个追随者继续前进,终于顺利地到达了中部的基地。11月1日,他在庆祝自己50岁的生日后冒险返回,途中遭遇暴风雪,倒在茫茫的雪原上。在冰天雪地里,他失去了知觉,人们遍寻不到他的踪迹。直至第二年4月,他的尸体才被发现,已经与冰雪浑然一体了。

飞行冠军

魏格纳少年时便向往到北极去探险,由于父亲的阻止,他没能在高中毕业后加入探险队,而是进入大学学习气象学。

1905年,他以优异的成绩获得气象学博士学位后,致力于高空气象学的研究。

1906年,他和弟弟一起驾驶热气球在空中连续飞行了52小时,打破了当时此项运动的世界纪录。后来他去格陵兰参加了探险队,岛上巨大的缓慢运动的冰山,给他留下了极其深刻的印象,激发他后来在面对世界地图时产生了无尽的联想。

来自宇宙的证据

魏格纳去世后,大陆漂移说日趋沉寂。到了20世纪50年代,科学家才找到大量证据,证明确实发生过大陆漂移。1984年,美国航空航天局第一次精确测出了各大陆缓慢漂移的数据,为大陆漂移说提供了有力的证据。

以大陆漂移说为基础,科学家又提出了海底扩张说和板块构造说。这些理论被认为是地质学史上的一次革命,堪与哥白尼的"日心说"和达尔文的"进化论"相媲美。

24 胰岛素：一个改变历史的暑假

今天你看了吗？

"阿嚏！阿嚏！"唉，得了感冒真难受，真希望身体能够快点好起来。每当生病的时候，我们总会感觉不适。得了小病尚且如此，试想，那些得了不治之症的人们该有多么痛苦啊。

过去人们谈及糖尿病，就如同今日人们谈及艾滋病一样胆战心惊。而当时最先进的治疗方法，就是依靠残酷的慢性饥饿来延长病人的生命，但这种治疗方法总是让病人痛苦不堪。

直到20世纪20年代初，一位年轻的加拿大外科医生费里德里克·班廷，从动物体内成功提取了胰岛素，并将之用于人体，这种

状况才得以改观。

1920年，班廷在一篇论文中获得了治疗糖尿病的灵感。

1921年7月27日，班廷从狗的身上提取了萎缩得只剩胰岛的胰腺，制成药剂，再注入因切除了胰腺而患病的狗身上。他发现，患病的狗的血糖量迅速下降，经过数天治疗，竟恢复了正常。

于是，班廷决定在人身上实验。他的第一位病人是他少年时代的挚友、同在医学院念书的同班同学吉尔克里斯特——一位严重的糖尿病患者。

当吉尔克里斯特得知班廷需要一位病人进行临床试验时，毅然来到了实验室，让班廷为他注射胰岛素。几次治疗下来，吉尔克里斯特感觉自己的头脑突然清醒了，步履也不再沉重了。班廷成功了，他用自己的新方法成功医治了第一位糖尿病人。

之后，班廷又成功地用胰岛制剂降低了很多糖尿病人的血糖，证明了胰岛素对糖尿病的疗效。

科学没有权威，一个无名青年在一个暑假内就做到了！从那一刻起，有数千万糖尿病人因他而获得了新生。

不被看好

班廷设计好实验思路后,找到自己的母校——多伦多大学,希望得到生理学系麦克劳德教授的帮助。

但麦克劳德认为,班廷是一个毫无实践经验的年轻人,仅凭一些肤浅的书本知识是无法成功的。况且过去有不少经验丰富知名科学家,且都拥有良好的实验设备,但在寻找治疗糖尿病方法的过程中都失败了。因此,他认为这个设想不会成功。

班廷并不死心,经过几个月的周旋,麦克劳德终于勉强答应了。他允许班廷在暑假实验室空闲的时候进行研究,并给了班廷10条狗。而正是这些简陋的实验设备,托起了一颗科学新星。

自费实验

一开始,班廷的实验并不成功,在物质和精神的双重压力下,班廷没有退缩,依然全心投入到实验中。他没有工资,一切实验费用都要自负,而且实验室条件艰苦,湿热难耐;生活非常清

贫，加上没日没夜地工作，已经订婚的女友也与他分手了。但这一切都没有动摇班廷对提取胰岛素的信心，他的坚持使他最终取得了成功。

平分奖金

在班廷研究胰岛素的时候，麦克劳德教授还替他找了一个名叫白斯特的学生做助手。班廷得到诺贝尔奖奖金后，立即宣布分一半给与自己同甘共苦的白斯特，而麦克劳德也随即宣布把自己的奖金分一半给助手考立普，以肯定他在纯化和鉴定胰岛素中的贡献。

白斯特后来也成了一位著名的生理学家，在多伦多大学医学院担任生理学教授，还接替班廷担任了班廷和白斯特医学研究所所长。

今天你看了吗?

25 核能：能量巨大的新能源

1952年11月1日，一个直径约5000米的巨大火球在太平洋马绍尔群岛埃尼威托克环礁上腾空而起，而一个名为埃拉格拉伯的小岛竟然在这次爆炸中消失了，足见其威力之巨大，这就是世界上第一枚氢弹的试爆现场。

而此时，在美国的加利福尼亚，享有世界"氢弹之父"美誉的物理学家爱德华·特勒见此场景，不禁兴奋地大叫起来："这小子真是太棒了！"

1967年6月17日，中国的第一颗氢弹爆炸成功，距离1964年10月16日中国第一颗原子弹爆炸成功，仅短短的两年零八个月，让世界为之震惊。

氢弹是利用重原子核裂变反应提供的能量,使氘、氚等轻核产生聚变反应,瞬间释放出巨大能量的武器,因此氢弹又被称作核热变武器或"聚变武器"。

可以说,氢弹的爆炸,标志着人类利用核聚变巨大能量的时代已经到来。氢弹威力巨大,其爆炸产生的能量要比原子弹大得多,但这种"核能"如果以原子核反应堆的形式释放出来,是缓和的,而且可以控制,因此只要合理利用,人们完全可以利用它造福人类,使之成为取之不尽、用之不竭的新能源。

比如人类可利用核能来开凿山路,利用高温高压开采石油,还能建成核电站提供巨大的能源动力。一座100万千瓦的火电厂,每年要烧掉约330万吨煤,要用许多列火车来运输煤。而同样容量的核电站,一年只用30吨燃料,且对空气的污染较少,能大大改善环境质量,保护人类赖以生存的生态环境。

但核能在带给人们强大能源的同时,也有潜在的安全风险,如果处理不当,这个风险还有可能成为巨大的灾难。因此,核安全一直是核能使用的第一要务。

秘密记录

爱因斯坦的遗憾

第二次世界大战期间，为了抢占战争的先机，流亡美国的爱因斯坦给美国总统罗斯福写信，建议赶在德国之前造出原子弹。

罗斯福采纳了这个提议，科学家们在总统的指示下进入纽约的曼哈顿地区开始了秘密研制工作，此项计划也因此被命名为"曼哈顿计划"。

但当核武器这一魔鬼从潘多拉盒子中被放出来之后，给人类带来了巨大的威胁。爱因斯坦曾痛心地说："当初致信罗斯福提议研制核武器，是我一生中最大的错误和遗憾。早知如此，我宁可当一个修表匠。"

反对之声

早在1942年，当领导建成世界上第一个原子核反应堆的美籍意大利裔物理学家恩里科·费米提出核聚变的威力大大超过核裂变的威力时，爱德华·特勒便将此理论作为自己今后的研究课题。

但许多一流的原子弹专家,包括"原子弹之父"——美国物理学家、1945年主导制造出世界上第一颗原子弹的罗伯特·奥本海默和费米本人,都从人道主义的角度出发,反对进行这方面的深入研究,认为氢弹的爆炸威力是同等级别原子弹的四倍,这样的武器将会对人类造成更大的伤害。

事物的两面性

虽然核武器曾给世界带来了巨大的伤害,但不得不说,在能源越来越紧缺的当下,核能却是一种可持续的新能源。

如核聚变的主要燃料是氘和锂,海水中氘的含量约为0.034克/升,而地球上的海水总量约为138亿亿立方米,因此其中氘的储量约40万亿吨。至于可以用来制造氚的锂,目前地球上的储量也超过2000亿吨,可谓储量丰富。

而据目前世界能源的消费水平来计算,地球上可供原子核聚变的氘和氚,能供人类使用上千亿年呢。

因此,只要合理利用,核能将成为未来人类社会的主要能源。

26 今天你看了吗？
人造卫星：开启了人类的太空时代

1957年10月4日，在苏联拜科努尔航天中心，随着火箭发动机发出的巨响，一颗拥有4根折叠杆式天线的圆球形人造地球卫星"斯普特尼克1号"，随之升空，世界上第一颗人造地球卫星宣告发射成功。

这颗"小星"以每96分钟环绕地球一周的速度飞行着，虽然它在太空中仅仅逗留了92天，但这一事件具有划时代的意义，它宣告人类已经进入航天时代。

一个月后，即1957年11月3日，苏联又发射了第二颗人造地球卫星。1958年1月31日，美国第一颗人造地球卫星"探险者-1"升空。之后，法国、日本、中国、英国、印度等国纷纷发射各自研制的卫星。

据统计，现在人类已研制和发射了各种人造卫星5000多颗。可以说，人造卫星是发射数量最多、用途最广、发展最快的航天器。人造卫星发射数量约占航天器发射总数的90%以上。

中国是世界上第五个独立发射人造卫星的国家。1970年4月24日，我国用自行研制的"长征一号"运载火箭，在甘肃酒泉卫星发射中心成功发射了我国第一颗人造卫星"东方红一号"。

"东方红一号"的发射成功，为中国航天技术的发展打下了极为坚实的根基，带动了中国航天工业的发展，标志着中国开始跻身世界航天领域先进国家的行列。

人造卫星按照运行轨道的不同，可以分为低轨道卫星、中高轨道卫星、地球同步卫星、地球静止卫星、太阳同步卫星、大椭圆轨道卫星和极轨道卫星；按照用途划分，人造卫星又可以分为通信卫星、气象卫星、侦察卫星、导航卫星、测地卫星、截击卫星等。

现在我们生活中普遍使用的导航、电视的转播、天气预报等，都离不开人造卫星的帮助。

孤独的单程太空之旅

1957年11月3日，一只名叫莱卡的小狗搭乘苏联"斯普特尼克二号"卫星进入太空轨道，成为世界上第一只冲出大气层的狗。但是，此次是一次没有回程的旅行，由于不知道如何收回该卫星，莱卡在进入轨道几小时后死亡。

为了纪念这只勇敢的小狗，苏联在当年就为莱卡发行了相关的纪念邮票。

现在，在莫斯科郊外的航天和太空医学研究所里，还有一个莱卡纪念馆。当年，莱卡和其他9只小狗一同在这里接受训练，而最后只有它被选中，踏上了孤独的太空之旅。据统计，全世界至少有6首歌曲是为勇敢的莱卡谱写的，描述它那次孤独却又开创新纪元的太空探索。

气象卫星

明天天气怎么样？是天晴还是下雨？是冷还是热？这可是人

们生活中经常要问的问题。可是仅用地面气象台、气球等去观察天气，却有很大的局限性，这时候，气象卫星便要大显身手了。

气象卫星是对地球及其大气层进行气象观测的人造地球卫星，具有范围大、及时迅速、连续完整的特点。到目前为止，美国、苏联、日本、欧空局、中国、印度等国家和组织，共发射了100多颗气象卫星。它们为人类及时预报天气，应对灾害做出了极大的贡献。

超级间谍

人造卫星中有一种卫星叫侦察卫星，又名间谍卫星。它既能监视又能窃听，可以说是一个名副其实的高空超级间谍哦。

它在空间轨道飞行一圈所收集到的情报，比一个最老练、最有见识的间谍花费一年时间所收集的情报还要多上几十倍呢。

27 联合国成立：让世界成为一个大集体

今天你看了吗？

你在幼儿园或者学校是哪个班级的？你们班有多少个同学？有班长、学习委员、生活委员吗？你有没有想过，如果没有了班级这个大家庭，同学们该如何聚在一起规范地上课学习呢？

其实，世界上的国家与班级里的同学是一样的，而联合国就是这个"大班级"。截止到目前，联合国共有193个成员国，也就是说，这个"大班级"共有193个同学哦。联合国秘书长可谓是这个"大班级"的"班长"。

联合国成立于第二次世界大战结束后的1945年，最初的目的是为了防止第三次世界大战的爆发。1945年4月25日，50个国家的代表出席了在美国旧金山举行的联合国国际组织会议。1945年6月25日，与会代表一致通过了《联合国宪章》。

1945年10月24日，由当时的安理会五大常任理事国（中国、苏联、英国、法国、美国）以及其他与会国家代表批准了该宪章，联合国正式宣告成立。

这个"大班级"成立后，新来的"同学"越来越多，这证明"大班级"越来越得到国际社会的认可。

能否加入"大班级"是同学说了算。如果有国家要求加入联合国，需要先提交一份申请书，声明接受联合国的主张和义务，然后由联合国内部机构——安理会推荐，经联合国三分之二以上会员国通过，才能被接纳为会员国，成为"大班级"中的一员。

随着世界各国间的联系越来越紧密，联合国在维护世界和平、缓和国际紧张局势、解决地区冲突方面，在协调国际经济关系方面，在促进世界各国经济、科学、文化的合作与交流方面，都发挥着越来越积极的作用。

用汉语在联合国发言

截至2013年5月，联合国共有193个成员国，包括所有得到国际承认的主权国家。

联合国设有联合国大会、联合国安全理事会、联合国经济及社会理事会、联合国托管理事会、国际法院、联合国秘书处及包括国际原子能机构、国际货币基金组织等在内的联合国专门机构。

联合国大会总部设在美国纽约，同时在瑞士日内瓦、奥地利维也纳、肯尼亚内罗毕都设有办事处。

联合国官方正式使用的语言只有六种，按英文字母顺序为阿拉伯语、汉语、英语、法语、俄语、西班牙语。六种语言同等有效，代表们发言时可以任意选用其中一种。

国际幸福日

2012年6月28日，第66届联合国大会宣布，追求幸福是人的一项基本目标,幸福是全世界人类生活的普遍目标和期望,因此决议将今后每年的3月20日定为"国际幸福日"。而2016的"国际幸福日",《愤怒的小鸟》的主角"胖红"当选绿色荣誉大使,倡导大家通过节约电能和水资源及乘坐公共交通工具等方式来保护环境,追求更幸福美好的生活。

不能多交钱

联合国的经费来源主要由三部分构成:正常预算经费、维持和平行动经费和会员国自愿捐助。正常预算经费与维持和平行动经费均由所有会员国分摊,但分摊比例有所不同。

联合国大会确立的原则是,联合国不应该在经费上过度依赖任何国家。为此,每个财政年度,联合国的会费都设有上限和下限,以求更符合各成员国的支付能力。

28 今天你看了吗？
计算机：开启全新时代

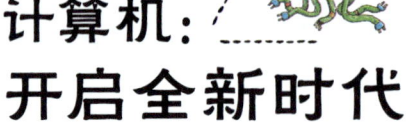

计算机又称电脑，如今已经成为人们现代生活中的重要伙伴。我们用它学习、工作、玩游戏等，最神奇的是，它能带我们进入浩瀚的互联网，实现"天涯若比邻"的梦想。

你是否知道，最初的计算机竟然是重达30吨的庞然大物！更神奇的是，最初的计算机并不是为了方便人们生活，而是为了战争需要而造。

第二次世界大战期间，美国军方需要计算大量的弹道数据。缓慢的人工计算贻误了战机，人们渴望有一台快速运算的机器。

这时，宾夕法尼亚大学的莫奇利博士和他的学生埃科特应邀设计建造埃尼阿克（ENIAC）计算机，提供给美国陆军的弹道研究实验室用于

计算火炮的火力表。

1946年2月14日，这个庞然大物建成了！它共使用了18800个真空管，长30米、宽6米、高2.4米，占地约170平方米，重达30吨。大约有一间半教室那么大，六头大象那么重。

在当时，它每秒钟可进行5000次的加法运算，虽然在今天看来，这只是小儿科，但当时已经算是很了不起的速度了。

果然，用它计算炮弹弹道只需三秒钟，而在此之前，则需要200人手工计算两个月。除了常规的弹道计算外，这个大家伙后来还涉及诸多科研领域，在第一颗原子弹的研制过程中也发挥了重要作用。

不过它最伟大的意义还在于开启了人类的计算机时代。由最初的单纯计算，到即时的信息沟通，计算机已经成为人类生活的好伙伴。

机械怪物

世界上第一台电子计算机"埃尼阿克(ENIAC)",如今看来简直就是一个庞然大物。

其内部有成千上万个电子管、二极管、电阻器等元件,电路的焊接点多达50万个。机器表面布满了电表、电线和指示灯。

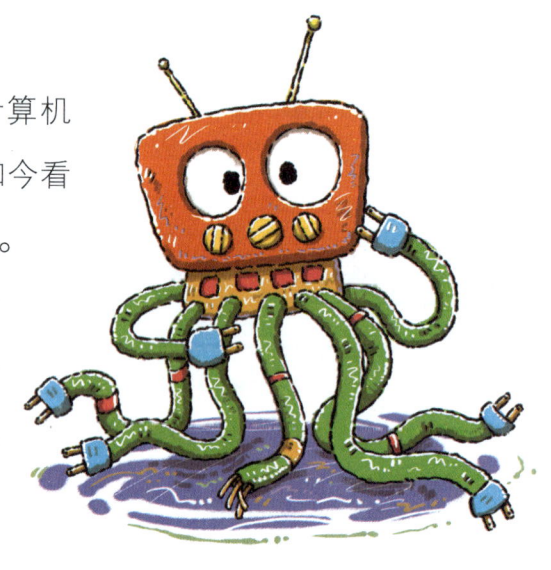

令人哭笑不得的是,它的耗电量超过174千瓦时,据说在使用时,全镇的电灯都会变暗。而且它的电子管平均每隔15分钟就要烧坏一只,科学家们不得不满头大汗地不停更换电子管。

一秒钟与一万年

第一台计算机诞生之后,计算机以惊人的速度发展着。首先,晶体管取代了电子管;接着,随着微电子技术的发展,计算机处理器和存储器上的元件越做越小,数量越来越多,计算机的运算速度和存贮容量迅速提高。

1994年12月,美国英特尔公司宣布研制成功世界上最快的超级计算机,它每秒可进行3280亿次加法运算,这个速度约为第一台电子计算机速度的6600万倍。它一秒钟所进行的运算量，一般一个人需要昼夜不停地计算一万多年。

谁是真正的发明者

关于电子计算机的真正发明人，美国爱荷华大学物理学教授阿塔那索夫与莫奇利及其学生埃科特，曾经打过一场旷日持久的官司，法院为此开庭了135次。

1973年10月19日，美国法院当众宣读了判决书："莫奇利和埃科特没有发明第一台计算机，只是利用了阿塔那索夫发明中的构思。"理由是，早在1941年，阿塔那索夫就把他对电子计算机的构思告诉了埃尼阿克（ENIAC）的发明人莫奇利。

29 今天你看了吗？
机械心脏：当一回钢铁侠

大家都很羡慕钢铁侠吧？他有一颗金属的心脏，这使他在上天入海，在与坏人搏斗的时候一点也不会感到"害怕"。但你想过吗？其实人类也可以有一颗机械心脏。

1952年3月8日，美国宾夕法尼亚医院宣布：人类首次将机械心脏成功地安装在患者身上。尽管该装置只使这位41岁的钢铁工人皮特·迪林的生命维持了80分钟，但该装置运转正常，迪林的死因被证明与使用机械心脏无关，这是一次成功的尝试。

这颗机械心脏是对1932年德贝基博士研制的泵式心脏的改进，它被看作是向完成整个人造心脏这一目标迈进的第一步。

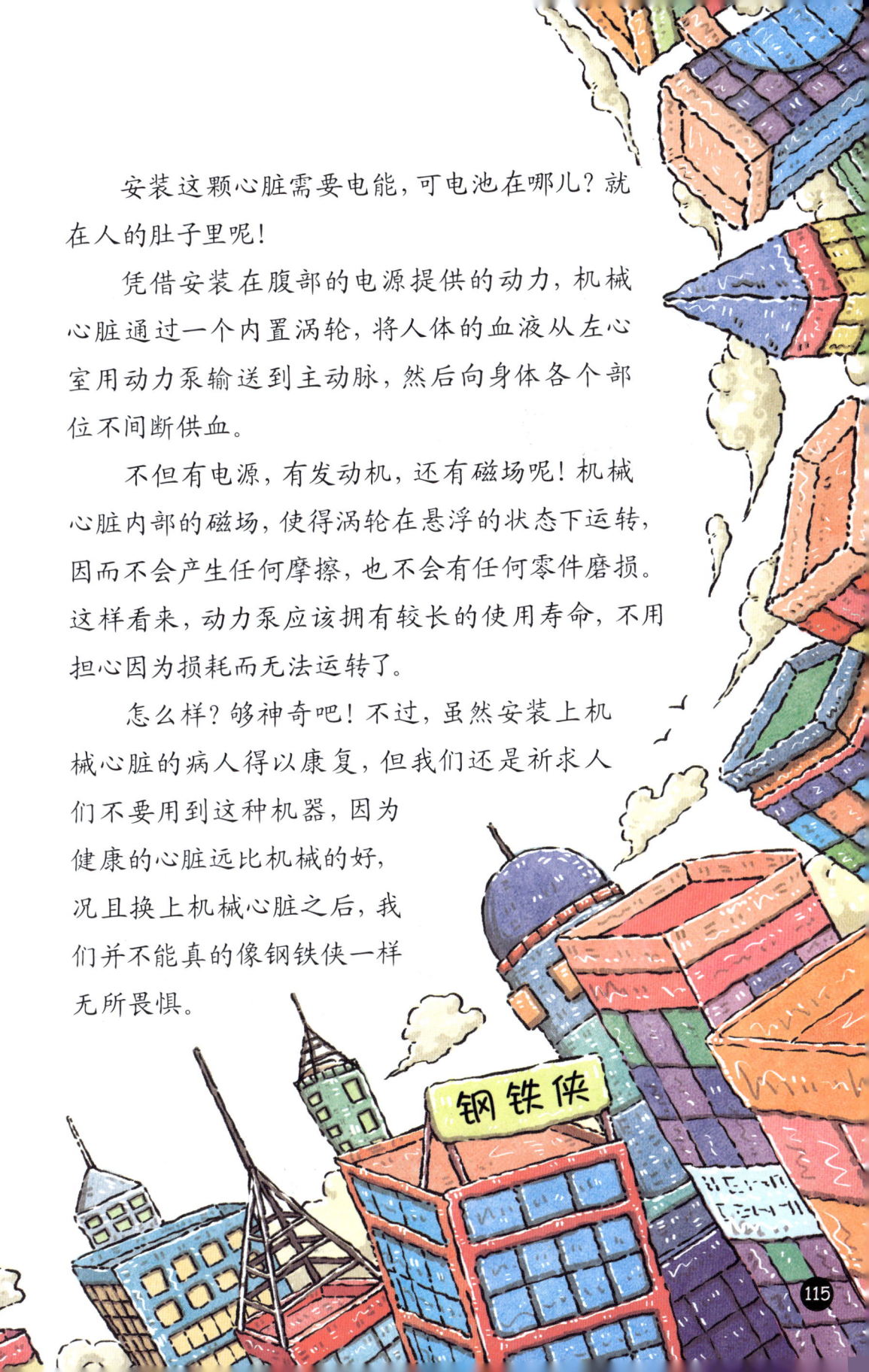

安装这颗心脏需要电能,可电池在哪儿?就在人的肚子里呢!

凭借安装在腹部的电源提供的动力,机械心脏通过一个内置涡轮,将人体的血液从左心室用动力泵输送到主动脉,然后向身体各个部位不间断供血。

不但有电源,有发动机,还有磁场呢!机械心脏内部的磁场,使得涡轮在悬浮的状态下运转,因而不会产生任何摩擦,也不会有任何零件磨损。这样看来,动力泵应该拥有较长的使用寿命,不用担心因为损耗而无法运转了。

怎么样?够神奇吧!不过,虽然安装上机械心脏的病人得以康复,但我们还是祈求人们不要用到这种机器,因为健康的心脏远比机械的好,况且换上机械心脏之后,我们并不能真的像钢铁侠一样无所畏惧。

秘密记录

100年的心脏

如今机械心脏瓣膜和生物心脏瓣膜已经得到了广泛的应用。机械瓣膜在全世界的换瓣手术中占70%左右，而在发展中国家几乎占到了100%。

这主要是因为机械心脏瓣膜的使用寿命长，设计为100年以上，适用于青壮年患者，而生物心脏瓣膜主要适用于老年人。另外，生物瓣膜需要定时更换。

人体发动机

心脏是人体循环系统的动力，是人和脊椎动物身体中最重要的器官之一。人的心脏跟自己的拳头差不多大，外形有点像桃子。心脏是血液循环的动力器

官。它的自动节律性收缩，推动血液在循环系统的各种血管中环流，使机体各组织、器官不断地吐故纳新、新陈代谢。

心脏有左心房、左心室、右心房、右心室四个腔。左、右心房之间和左、右心室之间，均有间隔隔开，所以互相之间不相通，心房与心室之间有瓣膜，这些瓣膜使血液只能由心房流入心室，而不能倒流。

真正的机械心脏

拥有一颗好的心脏是健康的重要保证。

体育锻炼能让我们拥有一颗真正的"钢铁心脏"。人在锻炼过程中大口呼吸，会使氧气与血红蛋白迅速结合，而产生更多的能量，从而促使心脏更有力地跳动。

心脏和血液循环也紧密相关，经常锻炼会使心脏供血能力增强，血管内血液流速加快。长期坚持锻炼的人，血管壁增厚，韧性增强，有益身心健康。

30　"阿波罗号"登月：个人一小步，人类一大步

今天你看了吗？

人类在认识世界、探索宇宙方面一直进行着不断的研究。月球是我们肉眼看起来最大的星体。从古至今，无数人对月球充满了遐想。

1969年7月16日，美国东部时间下午4时17分42秒，一个名叫阿姆斯特朗的美国人将左脚小心翼翼地踩上了月球表面，这令他成为人类历史上第一个成功踏上月球的人。

阿姆斯特朗用自己特制的摄像机拍下了月球的样子。与他一起登陆的还有巴兹·奥尔德林、迈克尔·柯林斯。他们在登月舱附近插上了一面美国国旗，接着摆开了太阳能电池阵，安装了"月震仪"等。

三人在月球表面上共停留了21小时18分钟，采回22千克

月球土壤和岩石标本。

7月25日清晨,他们平安降落在太平洋中部海面,人类首次登月行动宣告圆满结束。

其实这是美国耗资巨大的一项登月计划——阿波罗计划中的一次登月。

早在1961年,美国就着手准备登月计划了。经过将近8年的筹备与试验,1969年7月16日,巨大的"土星5号"火箭载着"阿波罗11号"飞船从美国卡纳维拉尔角肯尼迪航天中心点火升空,飞向了令人向往的月球。

美国宇航员尼尔·阿姆斯特朗、巴兹·奥尔德林、迈克尔·柯林斯乘坐着"阿波罗11号"宇宙飞船跨过38万千米的征程,承载着全人类的梦想踏上了月球表面。

他们到达月球之后迈出的第一步,也是我们人类迈出的伟大一步。全人类见证了登月梦想的实现。

神秘巨大的阿波罗

"阿波罗计划",又称"阿波罗工程",是美国从1961年到1972年进行的一系列载人登月飞行任务,它是世界航天史上具有划时代意义的一项成就。

"阿波罗计划"开始于1961年5月,至1972年12月第6次登月成功结束,历时约11年,耗资255亿美元。在该计划进行的高峰时期,共有2万家企业、200多所大学和80多个科研机构参与其中,总人数超过30万人。

最辉煌的失败

"阿波罗13号"在"阿波罗计划"中承担第三次载人登月的任务。发射两天后,服务舱的氧气罐发生爆炸,严重损坏了航天器,使其损失了大量氧气和电力,三位宇航员只好使

用航天器的登月舱作为太空中的救生艇。

此时，指令舱系统并没有损坏，但是为了节省电力，在返回地球大气层之前也都被关闭了。三位宇航员在太空中经历了缺少电力、温度失常，以及极度缺乏饮用水的阶段，但最后他们仍然凭借着高超的技术、稳定的心理，成功返回了地球。

事后，"阿波罗13号"飞船机组人员洛弗尔回忆说："我们终于活了下来，但是很悬。我们的任务失败了，但我更愿意把它看作一次辉煌的失败。"

源自竞争

美国"阿波罗计划"的实施，最早并不仅仅为了满足"我们要去月亮上看一看"的想法。

1957年，苏联成功发射世界上第一颗人造地球卫星，宣告了人类太空时代的到来。美国为了赶超苏联，时任美国总统约翰·肯尼迪宣布，要在此后10年内实现载人登月，这才有了"阿波罗计划"。

31 今天你看了吗？
灭绝天花病毒：一次伟大的胜利

世界上曾经流行一种很可怕的病毒，它可以让人染上一种叫"天花"的病。天花是一种传染性很强的疾病，一般发生在冬春季节。传染上天花的人会发烧，浑身长脓疱，病情严重的会很快死去。

17世纪，单单欧洲就有4000万人因得天花而丧失了生命。患者即使侥幸保住了性命，也会在皮肤上留下一个个小瘢痕，特别是留在面部的那些"麻子"，严重影响了人的形象。

后来，经过一代代人的努力，得天花的病人越来越少。某一时期，全世界范围内几乎都找不到这种病例了。世界卫生组织因此宣布，如果连续两年内全世界都没有

发现天花病人，就可以宣布天花绝迹了。但是在1977年10月25日，非洲的索马里又发现了一个天花病人。不过打那以后，一直到1979年10月25日，整整两年中，全世界再没有发现一个新的天花病人。于是，这一天就被定为天花绝迹日。

世界卫生组织的检查人员是在对最后一批尚未宣布消灭天花病的东非国家——肯尼亚、埃塞俄比亚、索马里和吉布提进行了调查并确定这四个国家已经消灭了这种疾病后，才郑重地发布了这个具有历史意义的消息。1979年10月26日，联合国世界卫生组织在内罗毕正式宣布，全世界已经消灭了天花，并且为此举行了庆祝仪式。

彻底消灭天花，是人类在征服自然的斗争中取得的一个伟大胜利，但这一胜利是来之不易的，是千百年来无数人共同努力的结果。

秘密记录

成为标本的病毒

几千年来，天花导致上百万人死亡或毁容。180年前，英国发明了预防天花的牛痘疫苗。尽管如此，天花患者的死亡率仍高达三分之一。

后来，发达国家逐步控制了这种疾病，但非洲农村仍有流行。而自1967年开始进行最后一次大规模消灭天花的活动以来，天花病的病毒如今只保留在一些国家的实验室中，以供研究之用。

古老的病毒

天花是一种很古老的传染病，究竟源起于何时，很难断定。我国东晋时代的医学家葛洪，在他的《肘后备急方》里已讲到天花。葛洪生活的年代距今已经有1600多年了，可见天花的产生应该远在这之前。

天花严重地危

害人类的生命，但是，多少年来，人类一直没有找到预防天花的好办法。

直到18世纪末，英国医生琴纳发现了接种牛痘预防天花的方法。这种方法在全世界推广以后，得天花的人就慢慢减少了。

从挤奶工身上得到的灵感

在我国宋朝，中医就开始应用"人痘"接种预防天花，他们是将痊愈后的天花患者身上的痂皮碾成粉末，吹进健康儿童的鼻子里，用来简单预防天花。

18世纪的英国乡村医生爱德华·琴纳发现，英国乡村一些挤奶工的手上常常有牛痘，而有牛痘者全都没有患上天花。1796年，琴纳为一名8岁男孩接种了牛痘，再冒险给他种天花痘，可这个男孩却安然无恙，琴纳的"牛痘法"取得了成功。

到了1801年，接种牛痘的方法已经在欧洲许多国家推广应用，成功降低了天花的发病率。

32 今天你看了吗?
航天飞机升空：
遨游太空不再是梦想

如果能乘坐飞机到太空遨游，将是多么惬意的一件事啊。

早在20世纪80年代，人类就研制出了这种飞机——航天飞机。1981年4月12日，在美国肯尼迪航天中心聚集着几万人，他们共同见证了第一架航天飞机——"哥伦比亚号"的发射。宇航员约翰·杨和克里平揭开了航天史上新的一页。

这架航天飞机与普通飞机差不多大，总长约56米，翼展约24米，起飞重量约2040吨，算起来大概有半个足球场那么大。不过它可乘坐的人不如普通飞机那么多，每次飞行最多可载8名宇航员，飞行时间7～30天。航天飞机的寿命也很短，只可重复使用100次。

航天飞机集火箭、卫星和飞机的技术特点于一身，既能像火箭那样垂直发射进入空

间轨道，又能像卫星那样在太空轨道飞行，还能像飞机那样再次进入大气层滑翔着陆，可以说是三合一的高科技飞机。

为了更好地探索宇宙，航天飞机需要经常运载货物到太空中，因此它有36吨的载重量。它的机尾装有三个主发动机和一个巨大的推进剂外贮箱，里面装着几百吨重的液氧、液氢燃料，提供巨大能量帮助飞机进入太空轨道；而外贮箱两边也各有一枚固体燃料助推火箭。

但科学的发展与一次次失败经常如影随形。2003年2月1日，美国"哥伦比亚号"航天飞机结束成果丰硕的"科学研究之旅"后返航的日子，宇航员的家属们聚集在佛罗里达州的肯尼迪航天中心，准备迎接英雄们凯旋，但没想到等来的却是一个噩耗：航天飞机在返航途中解体坠毁，机上七名宇航员全部遇难。

尽管这是一场巨大的悲剧，但仍不失为人类探索太空的一次壮举。

中国学生的实验

2003年1月16日发射升空的"哥伦比亚号"原定于2001年升空，但由于技术故障和航天飞机调配等原因，发射日期一直被推迟到了2003年1月16日。

"哥伦比亚号"的此次飞行，总共搭载了六个国家的学生设计的实验项目，其中包括中国学生设计的"蚕在太空吐丝结茧"实验。

为此，中国各地中小学生提出了近900个方案，最后，北京女生李桃桃提出的"蚕在太空吐丝结茧"入选，获得搭载"哥伦比亚号"进入太空的资格。

乘坐降落伞的火箭

航天飞机需要火箭助推才能升上太空。火箭助推器与主发动机同时启动，在飞行的头两分钟里为航天飞机提供额外的推力以便使其摆脱地球引力。

大约上升到45千米的高空时，助推器与航天飞机外燃料油箱分离，依靠降落伞下落，最后落入大西洋。

接着，待命船会将其打捞上来，送回陆地，经过检查、维护后供下一次使用。

航天飞机的下一代

美国航天飞机的使命已经结束，美国在2010年前已让所有的航天飞机退役，准备用更先进的"航空航天飞机"取而代之。

虽然"航空航天飞机"仍在研制中，但据称它将不再使用液氧或液氢作为燃料，而是以液氟为燃料，届时，这种飞机可以自由出入大气层。

另外，航空航天飞机也不再像航天飞机那样借助火箭垂直起飞，而会像普通飞机一样经跑道起飞。

33 横穿南极大陆：去企鹅之乡探险

今天你看了吗？

　　如果你去过水族馆，我想你一定会爱上憨态可掬的企鹅，这种生活在寒冷的南极大陆的小动物，真是令人着迷。而那片被白雪与寒冷包裹的大地，也同样令世人向往。

　　南极洲是世界上最后被发现的一块大陆，是唯一既没有原住民生活也没有树木生长的大陆。南极洲是世界上最寒冷的地区，年平均气温为零下56℃。这里还是世界上刮风最多和风力最大的地区。

　　别看企鹅在这里生活得优哉游哉，要是人类去了那里，肯定冷得受不了啦。不过，有一群科学家为了探索未知世界，竟然不顾危险，徒步横穿了南极大陆。而这些

科学家里还有我们中国人呢。

1989年,美国和法国联合发起并组织了一支科学考察队,准备完成人类历史上第一次徒步横穿南极大陆的壮举。

这支考察队由中、美、苏、英、法五个联合国常任理事国和日本各派一名人员组成,我国科学家秦大河代表中国加入了科考队。

六名成员在1989年7月28日出发,经过艰苦的探险,历时七个多月,跋涉5984千米,于1990年3月3日终于到达了终点,在南极洲苏联和平站,中国的五星红旗与苏、美、法、英、日五国国旗在寒风中飘扬,人类终于成功实现了横穿南极大陆的壮举!

这次南极之行,秦大河共采集了800多瓶雪样,搜集了大量有关南极洲冰川、气候、环境的详细资料,圆满完成了从南极半岛经南极点至和平站的雪层大剖面的观测任务。

这次徒步横穿南极大陆的科考,是20世纪人类在到达地球的两极、登上地球之巅珠穆朗玛峰、飞上月球之后,取得的又一次具有重大意义的壮举。

每天只走两三千米

秦大河和其他队员们从南极半岛的一端出发,由西向东,开始了艰险的征途。那纵横交错的冰隙、积雪覆盖的暗沟,都深达数米甚至数十米,考察队员只能用雪杖击冰探路,谨慎行进。一旦遇上南极的暴风雪,能见度只有十多米,队员们一天只能前进两三千米。

在考察队里,只有秦大河和苏联队员带有科学考察任务,因此他们比别人要付出更多的劳动。晚饭后,在其他队员喝咖啡休息的时候,秦大河还要扛着冰镐、斧子去进行冰川观测、采样。

夏天的冰雪

南极大陆是最难接近的大陆。与南极大陆最接近的大陆是南美洲,而它们之间还隔着970千米宽的德雷克海峡。

南极大陆与其他大陆不仅相距遥远,而且周围还被数千米乃至数百千米的冰架和浮冰所环绕,冬天时浮冰的面积可达

1900万平方千米；即使在南极的夏天，浮冰的面积也有260万平方千米；南极大陆周围的海洋中，还漂浮着数以万计的巨大的冰山，给海上航行带来了极大的挑战和危险。

脆弱的南极

南极是地球上迄今为止唯一未开发的处女地，也是唯一没有常住居民和未被工业污染的洁净之地，是进行科学实验的理想天然实验室。

同时，由于南极处于高纬度的特殊地理位置，那儿气候严寒、冰天雪地，而生物在低温状态下生长缓慢，所以南极生物的种类不多，数量也少。这种情况使得南极食物链之间的相互依赖更加紧密，也更加脆弱，一旦遭受破坏，就难以恢复。

主权之争

从19世纪20年代起，到20世纪40年代，各国探险家相继发现了南极大陆的不同区域，英国、新西兰、德国、南非、澳大利亚、法国、挪威、智利、阿根廷、巴西10个国家先后对南极洲的部分地区正式提出主权要求。后来，根据1961年6月通过的《南极条约》规定，南极不属于任何一个国家，它属于全人类。

34 今天你看了吗?
哈勃望远镜:人类的太空之眼

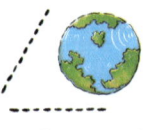

我们都玩过望远镜吧?通过望远镜,我们能把离自己很远的东西看得很清楚。但是你知道吗?在宇宙里,还有一架超级大的望远镜在不断地绕着地球转呢,它就是大名鼎鼎的哈勃望远镜。

这架望远镜有什么用呢?它是帮助人类观测太空的有力工具。1990年4月25日,哈勃望远镜由美国"发现号"航天飞机送入太空轨道,从此便成了人类的太空之眼。

哈勃望远镜为纪念美国天文学家埃德温·哈勃而得名。它长13.3米,直径4.3米,重11.6吨,造价近30亿美元。清晰度是地面天文望远镜的10倍以上。

由于没有大气湍流的干扰,哈勃望远镜所获得的图像和光谱具有极高的稳定性和可重复性。同时,它成功地弥补了地面观测的不足,帮助天文学家解决了许多天文学上的基础问题,使得人类对天文物理有了更多的认识。不过,哈勃望远镜并不是让人直接观察太空,而是把

它看到的东西转化成数据储存在航天器中，然后分批传回地球。每天，哈勃望远镜大约分两次将数据传送至地球，传送来的数据必须经过一系列的处理才能为天文学家所用。

哈勃望远镜于1990年发射之后，一直兢兢业业地为天文学家提供珍贵的太空资料。它曾在近处拍摄到极为清晰的火星照片、木星极光和土星极光，观测到海王星云层的显著变化；稍远一些，它观测到了正在诞生的恒星，数不胜数的星云、星团，以及河外星系；它还在最远处看到了宇宙早期的景象。

不久的将来，衰老的哈勃望远镜将被另一架空间望远镜韦伯所取代，也许有一天，我们真的能在望远镜传回的照片里发现外星人呢。

宇宙"婴儿"

2009年，天文学家通过哈勃望远镜拍摄的照片，发现了一个名为UDFy-38135539的星系。

天文学家经过研究后发现，这可能是宇宙中最古老且最为遥远的天体，距离地球大约131亿光年。这样遥远的距离，意味着科学家正在观测的光其实产生于宇宙的"婴儿"时期。

"近视眼"哈勃

1990年，哈勃刚刚升空，工程师们就发现他们制造时犯下了低级错误。因为上天后的哈勃竟然成了"近视眼"，视物不清，完全不能达到预想的观测效果。

对图样缺陷的分析显示，问题出在主镜的形状被磨错了。虽然这个差异小于光的二十分之一波长，镜面与需要的位置只差了微不足道的两微米，但就是这样微小的差距，造成了灾难性的球面像差。

于是，1993年12月，美国宇航局对哈勃望远镜进行了第一次维修，宇航员们为它装上了一片"近视镜"，使它能够把星星聚焦为一个光点而不是一片模糊的光斑，这次维修给了哈勃望远镜第二次生命。

此后，哈勃望远镜又经过了五次维修。虽然它的寿命得以延长，但关于让其退休的话题已经被提上了日程。

后继有"镜"

目前，研究人员正计划用詹姆斯·韦伯太空望远镜取代哈勃望远镜，用以探索远超过目前仪器可观测到的宇宙中最远的部分。

韦伯太空望远镜是直径8～16米的光学空间望远镜，其能观测到的天体比当前最大的地面望远镜或空间红外望远镜都要多得多、远得多。它是哈勃望远镜真正的继承者，计划于2020年前后发射升空。

35 今天你看了吗？
克隆技术：复制一个自己

还记得《西游记》里的孙悟空吗？他从身上拔了一撮毛，用嘴一吹，就会变出好多个一模一样的"孙悟空"。你一定以为这是神话里才有的场景吧。其实，随着克隆技术的诞生，这一情形很有可能在某一天变为现实。想一想，如果有一天，你的面前突然出现很多个和你长得完全一样的人，谁也不能把你们区分开来，包括你的爸爸妈妈，你会感到兴奋还是害怕呢？

"克隆"原意指植物无性繁殖得到的可连续传代并形成群体的技术。大家都知道，我们是爸爸妈妈共同孕育的孩子。除了人类，其他哺乳动物也都有父亲和母亲。而克隆技术彻底改变了这个自然规律，一个人不需要结婚，仅仅只需要自己身上的一个细胞，就可以创造出一个与自己完全相同的人。

1996年7月5日，英国科学家伊恩·维尔穆特博士用一只成年羊的体细胞成功克隆出了一只小羊，取名"多利"。1997年2月27日，英国《自然》杂志报道了这一震惊世界的科研成果。克隆技术被美国《科学》杂志评为1997年世界十大科技突破的第一项，也是当年最引人注目的国际新闻之一。

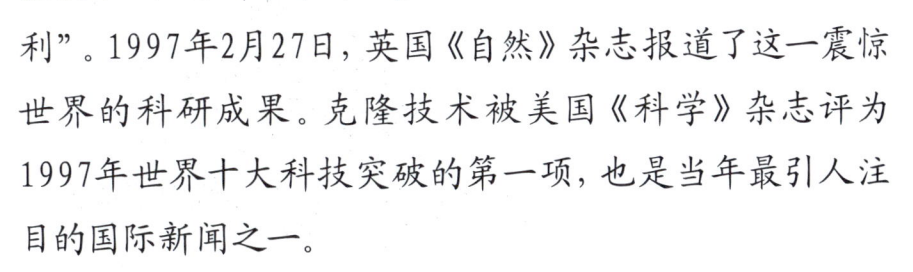

接下来，克隆猪、克隆牛、克隆猴纷纷问世，那会不会有一天出现克隆人呢？

要是世界上真的存在克隆人，那么，一定会影响到正常的社会秩序，说不定还会弄得天下大乱。所以，克隆技术的推广，目前在社会伦理方面还存在极大的争议！

不过，你可千万别以为克隆技术只会带给人们困扰。"治疗性克隆"在未来可能会风靡世界，它会在生产移植器官和攻克疾病等方面获得极大的突破，给生物技术和医学技术带来革命性的变化。

比如，有的人因为疾病无法生育，克隆技术可以帮助他们实现要宝宝的梦想；有的人不幸双眼失明了，可以通过克隆眼睛来帮助他们重获光明……

秘密记录

小多利的年龄之谜

小羊多利活了六年零七个月，而普通的绵羊可以活十一至十二年。这是否意味着它真的是在六岁就死去了呢？这个问题目前还没有定论。

也许你会觉得奇怪，年龄有什么难计算的呢？原来，这是因为科学家还没有找到确切的方法来测算克隆动物的年龄起点：是应该从它诞生那一天算起，还是从提取基因的母体的年龄算起，或者是只截取母体年龄的一部分呢？相信不久以后这个问题一定会得到解决！

克隆无极限

2013年，日本理化研究所的科学家，借助用克隆动物培育克隆动物的"再克隆"技术，成功地用一只实验

鼠培育出了26代共598只实验鼠。

而且克隆的实验鼠很健康，繁殖能力和寿命与一般实验鼠也没有明显区别。这意味着克隆动物也可以繁衍后代。

前路漫漫

从动物克隆的实验来看，克隆物种的成活率很低。在多利羊的克隆实验中，277个胚胎融合仅仅成活了多利一个，成功率只有0.36%。

许多有幸降生的克隆小牛，很快死于心脏异常、尿毒症或呼吸困难。出生后的克隆动物部分个体表现出生理或免疫缺陷，比如血液的含氧量和生长因子的浓度低于正常水平，胸腺、脾、淋巴结发育不正常等。

看来，克隆技术的发展还长路漫漫，有待科学家继续努力。

36 阿尔戈计划：进一步了解海洋

今天你看了吗？

虽然我们生活在陆地上，但是，海洋却占据了地球上大部分的面积。大海平静的时候，温柔又浪漫，可是一旦发起脾气来，比如发生可怕的海啸，就会给人类带来毁灭性的灾难。遗憾的是，人们对海洋的"脾气"了解得并不那么深入。因此，全世界的科学家决心要联合起来，一块儿研究海洋。

聪明的科学家想出了一个方法，那就是在全世界海洋和多个地区放入观测仪，让它们自动发回海洋的数据信息。于是阿尔戈计划启动了。

这个计划是由美国和日本等国家的大气、海洋科学家在1998年提出的。它的主要目的是借助最新的高科技探测装置——阿尔戈浮标，采集海洋数据信息，提高气候预报的准确度，有效防御全球日益严重的气候灾害，减少飓风、龙卷风、台风、冰雹、洪水和干旱等灾难给人类造成的威胁。

　　被放到海里的浮标并不是孤零零的个体,它既有卫星的定位,又有浮标之间的陪伴。阿尔戈计划预计利用3～5年的时间,在全球大洋中每隔300千米放一个卫星跟踪浮标,总计投放3000个浮标,组成一个庞大的阿尔戈全球海洋观测网。每个浮标每隔10～14天会自动发送一组剖面实时观测数据,这样我们就能掌握大量详细的海洋数据啦!

　　阿尔戈观测网是迄今为止人类历史上第一个提供全球海洋次表层信息的观测系统。阿尔戈计划的推出,迅速得到了中国、澳大利亚、加拿大、法国、德国、韩国等十余个国家的响应和支持。阿尔戈计划已经成为一个十分重要的项目,为此,联合国政府间海洋学委员会还专门通过了一项决议,支持阿尔戈计划在全球的实施。中国是2001年正式加入阿尔戈计划的。

神通广大的浮标

阿尔戈浮标是用于建立全球海洋观测网的一种专用测量设备。它可以在海洋中自由漂移，自动测量海平面到海底2000米水深之间的海水温度、盐度和深度，并可跟踪它的漂移轨迹，获取海水的移动速度和方向。阿尔戈浮标的布放也十分简单，无须专业人员在场即可在海上布放，且布放的方式多种多样，利用飞机空投便是其中一种。

厄尔尼诺

厄尔尼诺是一种反常的自然现象，它会使北美地区出现暖冬，南美沿海持续多雨，还可能使热带地区出现旱情。

厄尔尼诺现象是海洋和大气相互作用不稳定

状态下的结果。据统计,每次较强的厄尔尼诺现象都会导致全球性的气候异常,由此带来巨大的经济损失。

而阿尔戈计划的实施,能够预测厄尔尼诺现象的发生,减少灾害损失。

100年与8年

自从19世纪末深海海洋学诞生以来,全球海洋调查船在过去100多年的时间里,从全世界的深海大洋中,只得到了约50万条0～1000米水深范围和20万条0～2000米水深范围内的观测数据。

而到2012年11月4日,阿尔戈观测网就已经收集到了具有象征意义的第100万条观测数据。

根据目前的速度估算,阿尔戈观测网只需要8年时间就可以再收集到100万条数据。

37 "地球一小时"活动：请爱护我们的地球

今天你看了吗？

高耸的烟囱，总是源源不断地喷出黑烟，气味呛人刺鼻。这些烟囱大多建在发电厂，目前世界上大部分的电能还是靠烧煤获得的，而在此过程中排出的气体，造成了空气的污染。

人们不断意识到这种污染带来的危害，因此世界各国都在倡导"节能减排"的活动。节能就是节省能源的使用量，减排就是减少污染物排放。

在众多的节能减排活动中，"地球一小时"在世界范围内获得了大家的一致支持。

"地球一小时"活动是世界自然基金会在2007年向全球发出的一项倡议：呼吁个人、社区、企业和政府在每年三月最后一个星期六20：30～21：30期间熄灯一小时，以此来激发人们保护地球的责任感，以及对气候变化等环境问题的思考，表明对全球共同抵御气候变化的支持。

首次活动于2007年3月31日晚间20:30在澳大利亚悉尼展开。当晚，悉尼约有超过220万户的家庭和企业关闭电源一小时。

事后统计，熄灯一小时节省下来的电足够20万台电视机用一小时，五万辆车跑一小时。更多参与活动的市民反映，当天晚上能看到的星星比平时多了几倍。

随后，"地球一小时"活动从这个规模有限的开端，以令人惊讶的速度席卷了全球。仅仅一年之后，"地球一小时"活动就已经被确认为全球最大的应对气候变化的行动之一，成为一项全球性的环保活动。

短短60分钟，却可以为地球做出不小的贡献，因为每节约一度电，就减少了1千克二氧化碳和0.03千克二氧化硫的排放。让我们一起加入"地球一小时"活动吧，为减少污染出一份力！

大熊猫也熄灯

2010年,"地球一小时"活动中国启动仪式于3月10日在世界最大的大熊猫人工繁育机构——成都大熊猫繁育研究基地举行。

当天晚上,放飞了印有大熊猫"美兰"与众位知名人士手印的水灯,由24名环保人士共同拉开了"地球一小时"中国活动的序幕。

环保宣传

每年,全球媒体和个人都会千方百计地宣传"地球一小时"活动,殊不知,宣传活动所消耗的资源,已经远远大于关灯一小时所能节约的能源,所以我们要尽量把这个活动告知身边的人,而不仅仅依靠媒体宣传。

另外,我们也不要在关灯后点燃蜡烛,因为点燃蜡烛实际上排放了更多的碳!

并不需要关闭所有的灯

那些公共场所和社会治安必需的照明设备,如路灯、居民楼道灯、广场监控照明灯、保护建筑监控照明灯等,则不必参与"关灯"行动。

在家里,我们除了关灯之外,还应关闭其他家用电器的电源,如手机充电器、电视机、微波炉、MP3播放器、电脑和打印机等的电源。

提高环保意识

"地球一小时"活动的目的不仅是为了节省电能,更重要的是为了使公众认识到保护地球的重要性,增强大家的环保意识,促进大家在平常的生活中养成环保的好习惯。

我们保护地球的方法还有很多,如:垃圾分类;选择自行车和公共交通作为出行工具;用完电器及时拔插头;使用保温能力更强的节能门窗;让衣服自然晾干;自带购物袋,尽量少使用一次性塑料袋;合理设置空调温度;拒绝使用一次性筷子;以种植树木的方式庆祝节日、纪念日等。

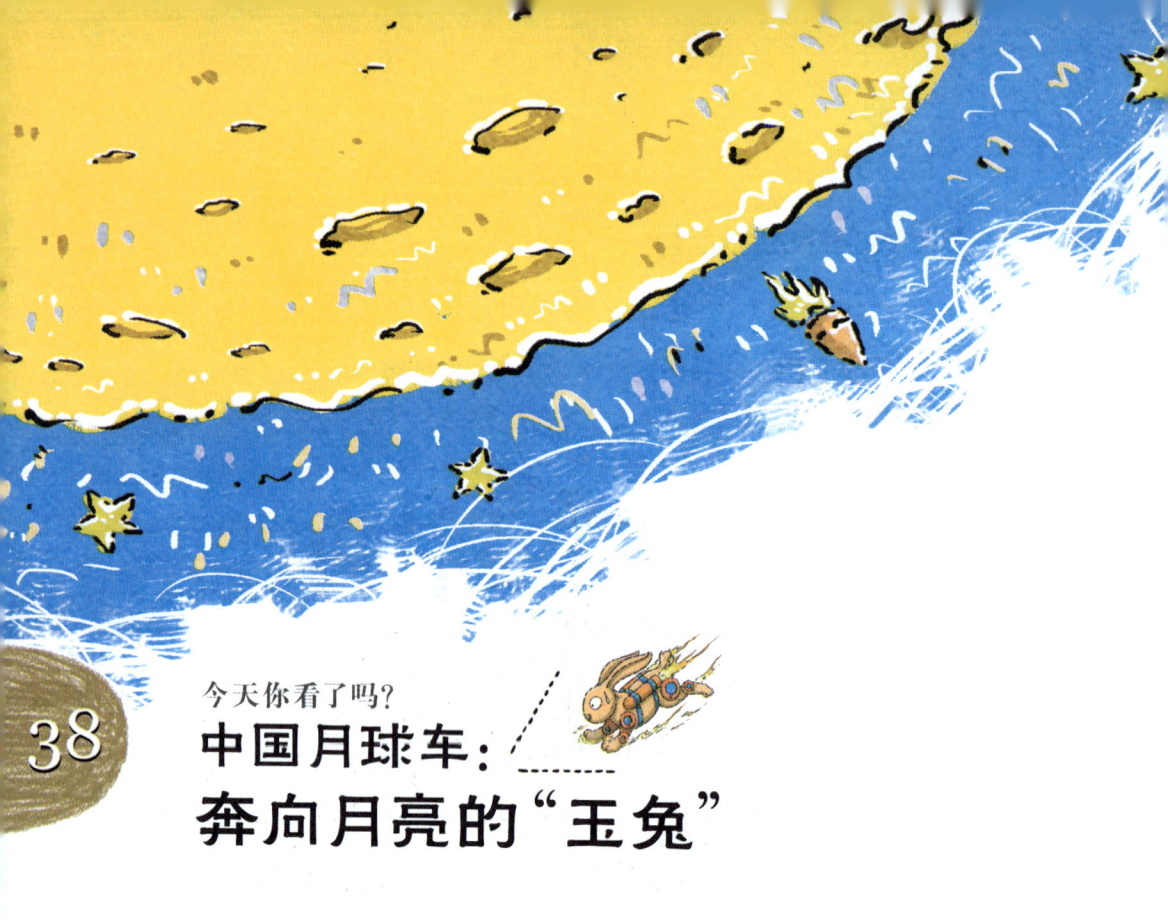

38 今天你看了吗？
中国月球车：
奔向月亮的"玉兔"

每当我们看到夜空中的月亮，会不会想：月亮上真的会有美丽的嫦娥和可爱的玉兔吗？神秘的月亮上有什么有趣的东西？

2013年12月2日，这个美丽的中国传说变成了现实！"嫦娥三号"运载火箭把"玉兔号"月球车送上了月球，实现了中国人与月球的零距离接触。从此，月亮上真的有了"玉兔"，不过它其实是一台高度智能的机器哦！

"玉兔"看上去像个长方形的盒子，长1.5米、宽1米、高1.1米，它的脚是几个可以独立转动的轮子，眼睛是四架全景相机和导航相机，负责观察周围环境并把有价值的场景记录下来。

你是不是觉得"玉兔号"很智能化？其实它更像我们人类派上月球的一个小小科学家。不过与人类科学家不一样的是，它的智慧不在脑袋里，而是在肚子里。

几乎所有的月球勘测装置都安装在"玉兔"的腹部，比如"测月雷达"装置，可发射雷达波探测二三十米厚的月球土壤结构，还可以对月球地表以下100米深的地方进行探测。

"玉兔"把勘测到的各种数据传回地球，能让我们了解更多的月球的秘密。

秘密记录

荒凉冷寂的月亮

月球表面的环境，与地球表面的自然环境大不相同。

月球上没有空气，处于真空状态，连声音都无法传播。

月球上也没有水，那里满目荒凉，毫无生气，是一个没有生命存在的世界。

月球表面的温度变化也非常剧烈，白天最热时，月表温度可达127℃；夜间最冷时，温度则可降到零下183℃。

"玉兔号"就是在这样的环境下，忍受着300℃的温差，待在没有水、没有声音、没有空气的月球上。

超长的睡眠时间

"玉兔号"月球车能够自动休眠，并且时间很长。因为月球上的一天大约相当于地球上的27天，而月球上的昼夜间隔时间

大约相当于地球上的14天。

由于晚上无法靠太阳能发电,"玉兔号"便会进入休眠模式。等到月球上能够接受太阳光的时候,"玉兔号"的太阳能帆板就会开始工作,为"玉兔号"提供电能。"玉兔"才能精神饱满地开始工作。

千辛万苦才到"家"

因为月球表面没有空气,所以"玉兔号"从"嫦娥三号"运载火箭弹出的时候,降落伞并不能发挥作用。

幸亏"玉兔号"的底部有几个推进器,在被弹出后,类似火箭的推进器会立刻自动开启,以保证"玉兔号"平稳降落。

同时,"玉兔号"的全景相机开始发挥作用,它不停地拍照,并凭借照片信号判断着陆地是否平坦,再利用推进器不停地调整方向,最终安全着陆月球。

图书在版编目（CIP）数据

看，那些伟大的瞬间 / 米家文化编绘. －－ 杭州：浙江教育出版社，2016.12 (2019.4重印)
(蒲公英科学新知系列)
ISBN 978-7-5536-5123-1

Ⅰ. ①看… Ⅱ. ①米… Ⅲ. ①世界史-少儿读物 Ⅳ. ①K109

中国版本图书馆CIP数据核字 (2016) 第283609号

蒲公英科学新知系列
PUGONGYING KEXUE XINZHI XILIE
看，那些伟大的瞬间
KAN NAXIE WEIDA DE SHUNJIAN
米家文化 编绘

出版发行 浙江教育出版社
(杭州市天目山路40号 邮编：310013)

策划编辑 张 帆　　责任编辑 孔薇薇
美术编辑 曾国兴　　责任校对 陈云霞
责任印务 刘 建　　设计制作 大米原创
印刷 北京博海升彩色印刷有限公司
开本 710mm×1000mm 1/16　印张 10　字数 200 000
版次 2016年12月第1版　印次 2019年4月第2次印刷
标准书号 ISBN 978-7-5536-5123-1　定价 35.00元

版权所有 侵权必究